子どもの「やわらかさ」激変！

動いてペタストレッチ

木村 匡宏［著］
Kimura Masahiro

TOYOKAN BOOKS

巻頭鼎談

子どもの成長に身体を動かす習慣が大切な理由

運動は子どもの成長に欠かせません。身体を動かす習慣が脳や神経系の発達に与える影響や、非認知能力の向上について、本書の著者木村匡宏が、阿多由梨加先生と渡邊健二先生に話を伺います。

左から著者の木村匡宏（MTXアカデミー統括ディレクター）、阿多由梨加（MTXスポーツ関節クリニック院長）、渡邊健二（MTXアカデミーリカバリーフィールドディレクター）

「脳の発達」と「運動」の関連

木村　まず阿多先生にお聞きしたいのですが、忙しい日常の中で運動の時間をどう確保すればよいのか、普段親御さんにどのようなアドバイスをされているのですか？

阿多　子どもの成長で知るべきことは、6歳までに脳や神経系の発達が全体の9割ぐらい進むということです。その発達には、運動が密接に関連しています。運動すると脳の神経系の発達を促します。運動は脳の認知機能や記憶、情動の分野によい影響を与え、幸福度を高めるホルモンの分泌も促します。ですから、子どもにとっても、私たち大人にとっても運動は非常に重要です。私は親御さんにもその重要性を伝えています。

木村　なるほど、認知機能は、いわゆる学力につながる脳機能ですね。

阿多　はい。これからは、AIやデジタルが急速なスピードで進化していくので、人間性や心など、人間にしかない部分がもっと重要になってくると思うのです。このような人の心に関わる能力を非認知能力と言います。例えば、他人と協調性をもつことや、他者の気持ちを理解することです。自分の人生を豊かにするためにはどうしたらよいかを考える力、何かを最後まで諦めずにやり遂げる力、こういう非認知能力を高めていくためには、脳の神経系をしっかり発達させることが大切ですね。身体を動かして、感覚を通して様々な体験を子どもの頃からたくさん積んでいくことが大事だと思います。

木村　身体を動かして、様々な刺激を感じていく中で脳の神経系が育つのですね！　次に、渡邊先生にお聞きしたいのですが、スポーツを一生懸命やっている子どもたちや、親御さんに日頃伝えていることはありますか？

渡邊　スポーツを一生懸命やっている子どもたちは、どうしてもやりすぎてしまう傾向にあるんですね。

例えば、野球が上手な子なんかは、身体を動かすことが得意なので、自分が思ってるよりも動きすぎてしまって、気がつかないところで、関節を痛めてしまっていたり、疲労骨折を起こしたりするんです。

木村　そうか、身体を動かすことが得意な子は逆に使いすぎちゃうんですね。たしかに、ピッチャーをやっている子でボールのスピードが速くなったときに、ひじを痛めてしまうケースもよくあります。

渡邊　そうなんです。新型コロナの時期に2ヶ月ぐらい丸々活動できなかったじゃないですか。そのとき、私が見ている子どもたちは、みんな身体が大きくなって体重も増えていました。やはり、「ちゃんと休むこと」も子どもの身体の発育にとっては大事なんだなと思いました。

毎日決まった時間に身体をケア
日常に取り入れるストレッチ

木村　スポーツを一生懸命やっている子どもたちや、親御さんたちに渡邊先生からアドバイスされていることって何ですか？

渡邊　「1日の中で、決まった時間にケアをする時間をつくってください」とお伝えしています。練習から帰ってきたらすぐとか、お風呂に入る前とか、後とか、夕飯前とか、自分ができる時間で大丈夫なので、その代わり毎日その時間にストレッチする。ちょっとでもいいので、毎日決まった時間に行うことで、習慣がつくれるんです。習慣にすることが一番大事で、そのためには、決まった時間をつくって毎日少しでもいいからストレッチをする。これが大事なんです。

阿多　私は、コア（＝体幹）をしっかり働かせるように伝えています。電車に乗っているときとか、信号待ちのとき、つい周りにいる人の姿勢をチェックしちゃうんですけど、子どもに限らず、ほとんどの大人の姿勢が、ちょっと頭が前に出て、下を向いてスマホをずっと見ているんです。

木村　そういう状況では、やっぱりコアが働いてない状態なんですか？

阿多　そうです。私の病院に診察にいらっしゃる子どもで、腰痛や、腰椎分離症で疲労骨折している子どもたちのお腹にエコーを当てて観察してみると、腹横筋といってコアをつくる筋肉に厚みがない状態でした。実際に、呼吸したり、腹筋の動作をしてもらうと、全然コアが入ってないのがわかるんです。

※エコー……超音波検査診断装置
超音波で体内の状態を調べる装置のこと

木村　阿多先生、コアを鍛えるのに日常でできることはありますか？

阿多　私が患者さんにお伝えしているのは、いつお腹にパンチされても跳ね返せるようにコアを働かせておくようにということです。イスに座っているときも、電車に乗っているときも。私は座ってスマホを操作するときも、目の高さまで画面をもってきて、コアに力を入れることをエクササイズの代わりにやってます。

木村　それはいいですね！　今ちょっとやってみたんですけど、いつパンチされてもグラつかないようにとイメージするだけで、しっかりお腹周りに力が入ります！

背中が伸ばされて固定した姿勢
親御さんとお子さんが一緒に改善

阿多　スマホを見るときや、勉強をする姿勢のときは、身体の前側の筋肉（お腹側）が縮んで、後ろ側の筋肉（背中側）は伸ばされている状態でずっと固定されています。それでは、リンパも血流の流れも悪くなってしまいます。

渡邊　たしかに、私も子どもの背中を診ると、「背中が硬くなっているな」と感じることが多いんです。やさしく背中の筋肉の状態を確認するのに触れるだけなんですが、最近の子どもたちの背骨は「ポキポキ」って鳴るんですよね。それは普段、背中の筋肉が伸ばされている姿勢で固定されてしまって、柔軟性がなくなっているからだと感じます。

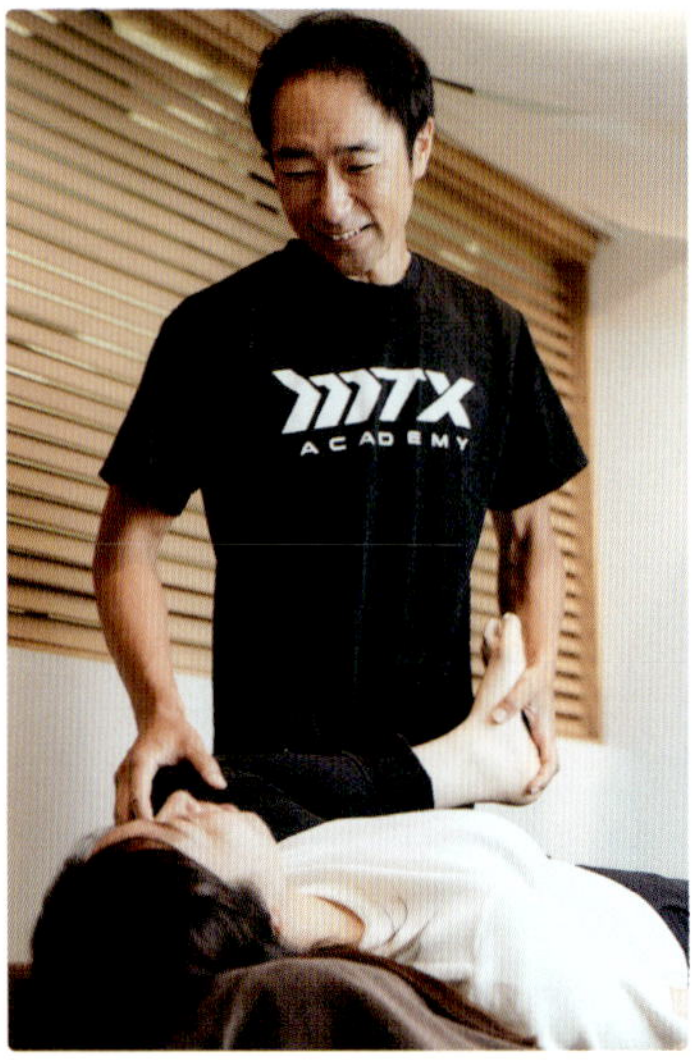

木村　私自身もパソコン作業をしていると顔が前に出て、背中が丸くなっていることに気がつきます。背中が硬くならないようにするにはどうしたらいいですか？

阿多　簡単にできることでオススメなのは、「キャット&ドック」と言われる体幹を動かす運動です。四つ這いになって背骨を丸めたり、そらしたりするワークを行います。呼吸でコアに力を入れたり、姿勢に意識を向けてコアを働かせたりすることを日常の中に取り入れていきたいですね。

渡邊　親御さんも一緒にやることが大事です！　日常的にストレッチをしたり、運動をしたりすることを、親も一緒にやることが大切なんですね。子どもだけにやらせるというよりも、親も一緒にやって、子どもに変化が出てきたら、すかさず褒める。

木村　なるほど、でも続けることって大変ですよね。続けるコツってありますか？

渡邊　2つあります。1つは、先ほどの阿多先生みたいに、普段自分がやっている行動と一緒に行うことです。例えば、何気なく立っているときに、お腹に力を入れてどこからパンチされてもぐらつかないイメージをもったり、テレビを見るときに、じっとテレビだけを見ないようにストレッチしながら見たりすることです。もう1つは、時間を決めてやることです。お風呂から上がった後でも、お風呂の前でも、学校の帰りでも、塾の帰りでも、どの時間でもよいので、この時間に身体を動かすって決めてしまって、その時間がきたら毎日やることが大切です。

木村　以前あるプロ野球選手の自主トレのサポートにいったときに、部屋にチューブやボールが置いてあったんです。「なんでここに置いてあるんですか？」って聞いてみたら、その選手は、「ここに置いておくと毎朝できるからです。いつも練習に行く前に、部屋でやれることを毎日やってから出発します」って教えてもらったんですけど、ちょっとしたことを毎日やることってこうやって習慣化するのだと思いました。

渡邊　1日5分だけ、自分ができるストレッチをやるだけでも大丈夫なんです。でも、その5分がなかなか取れない。ですので、1日のこの時間って決めて少しでもいいからやる。子どもに言ってもまずやらないので、親御さんも一緒にやることが大切です。

日常と理想のギャップを埋めるために

木村　この本を手にした読者にも、それぞれの日常があって、現実に向き合う中で、本当はこのぐらい身体を動かしたほうがいいという理想があるはずです。最後に、現実と理想のギャップを埋めるために、阿多先生、渡邊先生からアドバイスをお願いします。

阿多　そうですね、常に「自分って本当はどうありたいのか？」を心の中に思っておくことが大切だと思うんですね。私は診察時に、「痛みが治まり、最終的にどうありたいですか？」と患者さんに尋ねるのですが、いろいろと考えた後に、患者さんから「生涯健康で元気でいたい」という答えが返ってくるんですね。自分がどうありたいかを自己認識できると、私たちが言わなくとも、自発的にちょっとストレッチをしておくかって、結果的に習慣としてやって頂けるようになるんです。先に、ノルマとか目標を立てちゃうと、「ああ、今日もできなかったなぁ」「私ダメだなぁ」となってしまうので、「やっぱり私はこうありたい」と立ち止まって考えて、自分の心の中で思ってみることが、ちょっとした運動習慣をつくる原動力になると思います。

渡邊　僕も子育てをしていて、今、高校生と中学生の子どもがいますが、学校へ行ったり、塾へ行ったり、大変です。ですので、私の場合は、子どもたちには、学校生活での体育の時間とか、休み時間にいっぱい身体を動かすように伝えてきました。体育を一生懸命やる。休み時間に身体を動かしていっぱい遊ぶ。子どもにそうやって声をかけてあげるだけでも違うと思うんです。あとは、もっと褒めてあげることだなって思います。僕は結構、運動が得意だったので、子どもができないと「なんでできないの？」ってよく言ってしまったんですね。子どもからすると「なんでできないの？」って詰められたらキツいですよね。運動が嫌いになってしまいます。そうならないためにも、ちょっとした変化や取組が見えたらすかさず褒める。親は、結果に目がいきがちですが、結果を褒めるのではなく、子どもなりのがんばりを褒めること。ここを僕もがんばりたいと思います。

身体を動かす習慣が大切な理由のまとめ

1. **脳と神経の発達を支える（脳の情動分野の発達、ホルモンの活性化）。**
2. **自己肯定感が高まる。高すぎる目標をつくらず、1日5分日常の隙間にコア意識でOK！**
3. **子どもと親の心の安定。親子で一緒に！生涯の心と身体の健康へ。**

Contents

chap 2

動いて ペタストレッチをすると身体の使い方が上手くなる!

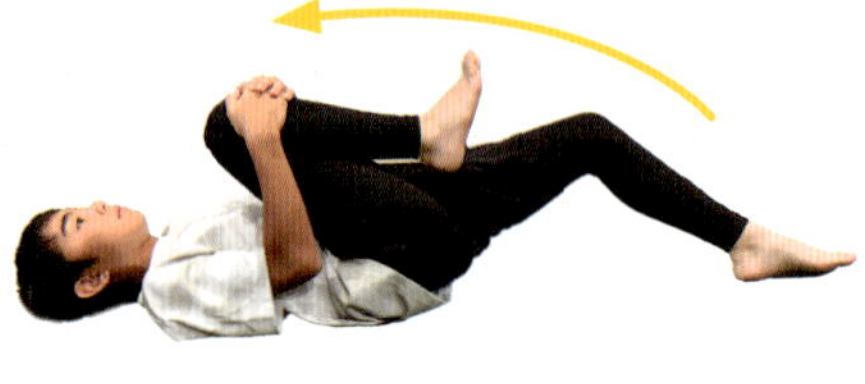

chap 3 こんなときどうする? 親子でできるリカバリーストレッチ

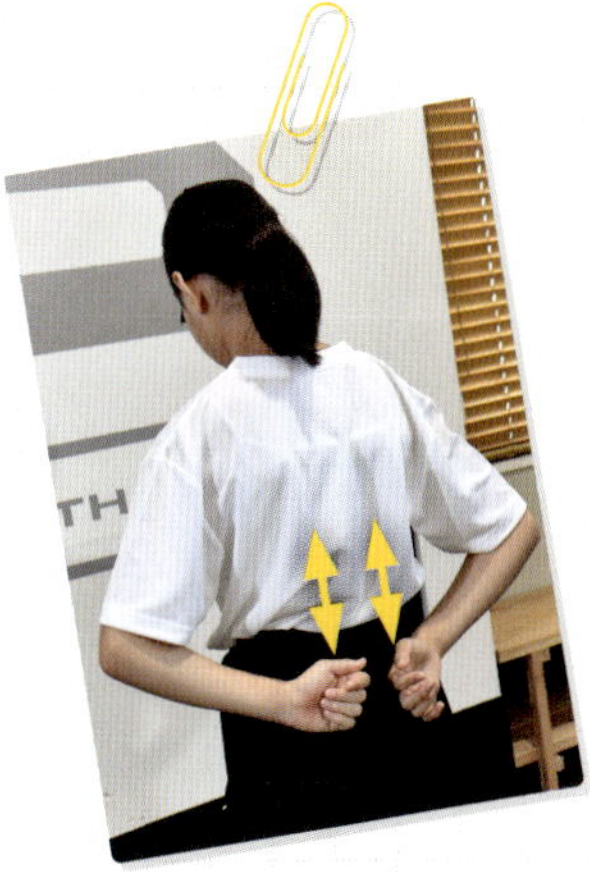

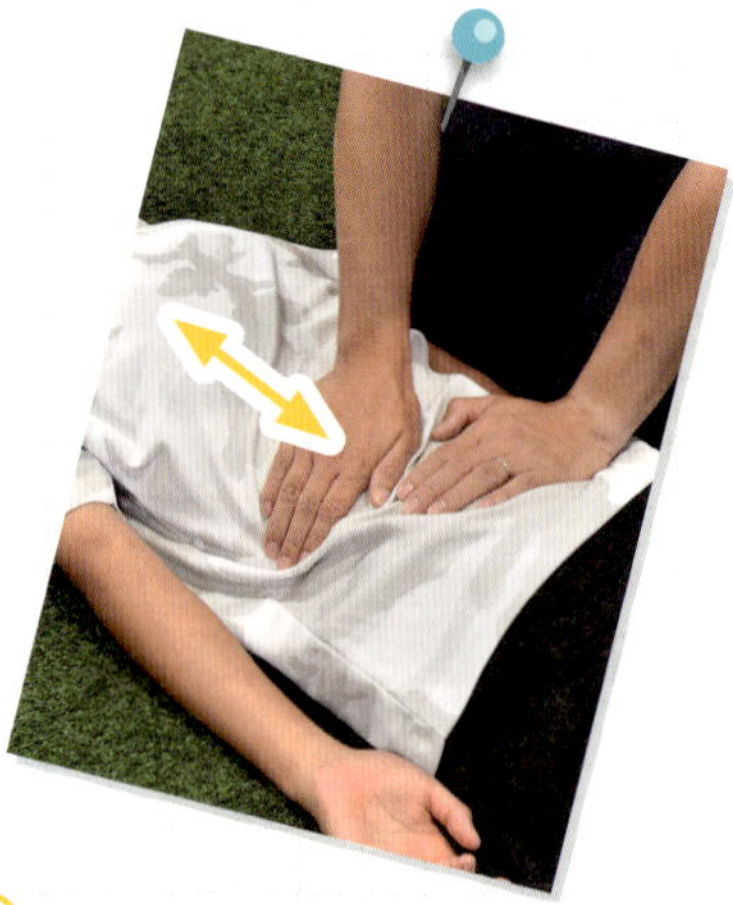

chap 1

動いて ペタストレッチの目的は？

日常生活では、身体を固定する時間が長くなりがちです。
動いてペタストレッチの目的や、子どもが動きやすい身体づくりを行うための、
お家でできるシンプルな方法をお伝えします。

今、子どもの身体に何が起こっているのか？

子どもの運動不足が止まらない

子どもの体力調査結果

　全国の子どもたちを対象に、スポーツ庁が毎年行っている体力調査では、令和元年以降、体力合計点が全国的に低下傾向にあります。特に、持久走のタイムは年々著しい低下傾向にあり、子どもたちの心肺機能が低下しています。

　私は、普段スポーツトレーナーとして子どもたちの運動に関わっていますが、親という立場としても、全国の子どもたちが健康第一に、すくすくと元気に育っていってほしいという切なる願いがあります。しかし、この結果を見ると心配になります。さらに怖いデータがあります。日本の子どもの3歳から6歳の約半数が、日常的にスマートフォンやタブレットを利用しているというのです。確かに動画を見せたり、ゲームをさせていれば子どもは大人しくなります。

　しかし、子どもの将来に、この経験がどんな影響を与えるのか、私たちは改めて考える必要がありそうです。例えば、米国の小児学会は、どんな知育的なソフトであっても、幼少期にタブレットなどの映像を見たり、デジタル機器を使ったりする体験は、その後の言語発達、知的発達に負の影響を与えると訴えています。また、OECD（経済協力開発機構）のレポートによると、21世紀の人類が直面する最も大きな問題は、デジタル機器の影響による運動不足であり、その結果、肥満や生活習慣病が増えることだそうです。実際に、スポーツ庁の体力テストでも、子どもの肥満が年々増加傾向にあるというデータも出ています。

子どもの発育と発達

　ここで、「発育」と「発達」という言葉の意味を確認しましょう。

　発育は、身体の大きさ、具体的には身長、体重などが大きく成長することです。発達は、脳機能、運動能力などが成長する、よくなるという意味で使われます。

　多くの親御さんたちは、できるだけ背を伸ばし、体格も大きくしたいという願いがあると思います。

　身体の健康的な成長は、脳の健康的な発達の土台になります。インターネットや、AIが頻繁に使われるようになり、多くの物事がデジタル処理される社会になりました。しかし、21世紀を生きる

子どもの発達を考えたときに、これまで以上に子どもたちの身体や運動に注目する必要があるのです。子どもは、小さな大人ではなく、子どもから大人へと成長する過程の中で、どんどん変化し発達しながら大人の身体へと成長していくからです。

スキャモンの発育・発達曲線は有名ですが、神経系の発達は5歳頃までに約80％、12歳までにほぼ100％となります。12歳になる直前の数年間は神経系の発達は著しく、様々な神経回路が形成されます。一度、経路ができ上がるとなかなか消えず、自転車に一旦乗れれば、そのあと数年乗らなくても忘れることはありません。

子どもの頃から身体をよく動かして、様々な刺激を体験・体感することで神経系の発達を促し、身体の発育とともに、身体の機能、脳の機能も発達します。

子どもの体力合計点の低下

スポーツ庁が実施している全国の小学校５年生と中学校２年生を対象とした、令和５年度の全国体力・運動能力、運動習慣等調査の結果がまとまり公表されています。《体力・運動能力》実技８種目の得点合計である体力合計点は、全国的に低下傾向にあります。

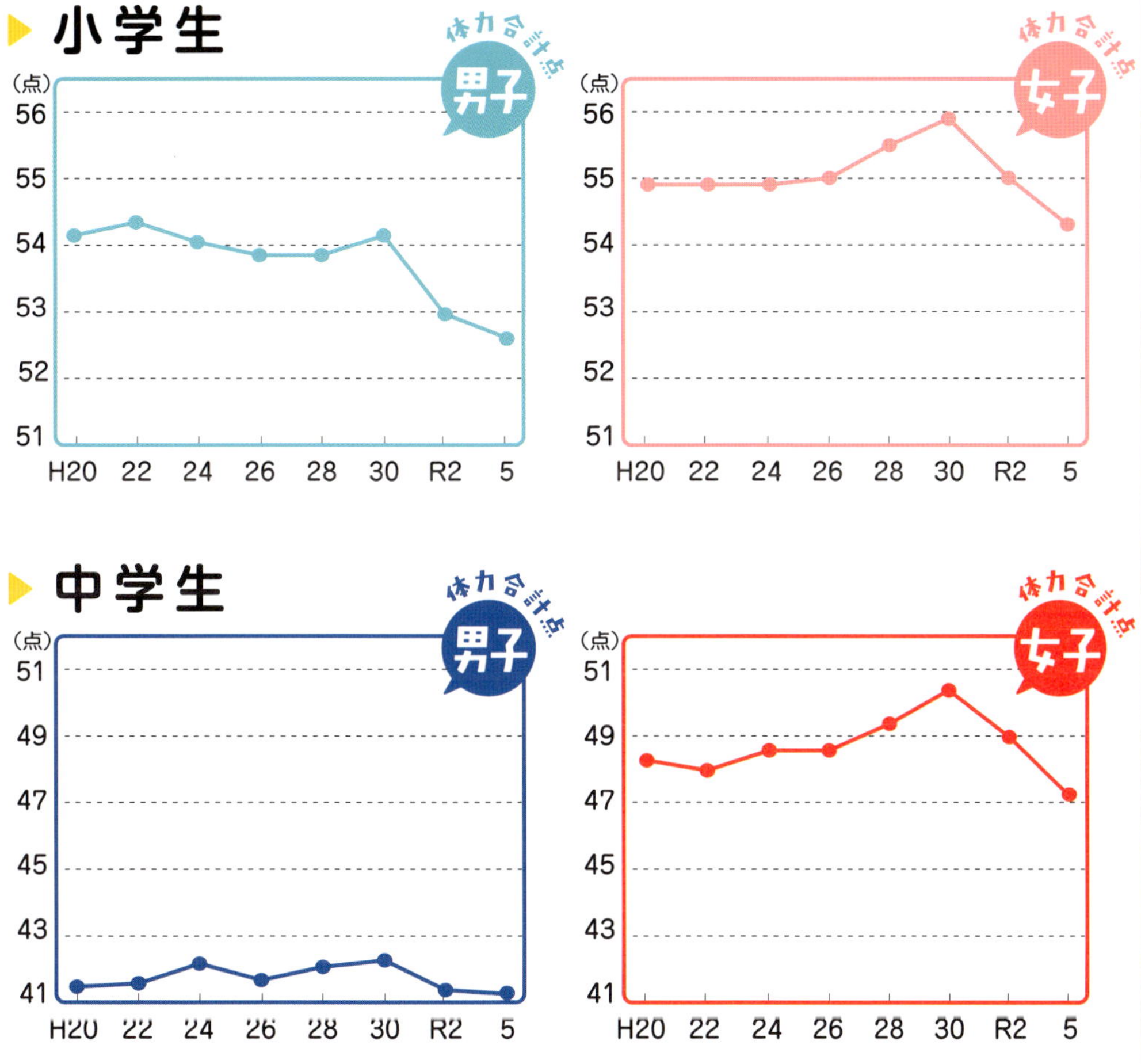

小学生
体力合計点 男子
体力合計点 女子
(点)
56
55
54
53
52
51
H20 22 24 26 28 30 R2 5
中学生
体力合計点 男子
体力合計点 女子
(点)
51
49
47
45
43
41
H20 22 24 26 28 30 R2 5

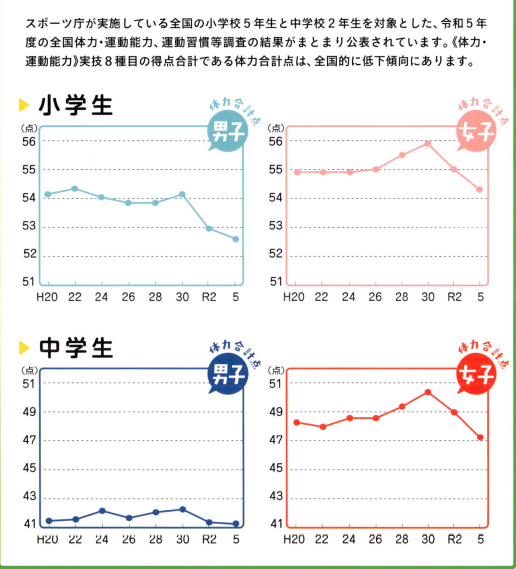

普段はどんなことをしているのか?

日常生活は身体を固定する時間が長い

動画視聴やゲームで脳が興奮状態に

令和5年度こども家庭庁の調査によると、1日のインターネットの利用時間は、小学生で平均3時間以上が全体の57・3％、中学生は71・8％とのことです。

インターネットを利用している機器は、スマートフォンが74・3％、パソコン、タブレットが46・1％です。外遊びの機会が減ってしまっている今、動画視聴や、ゲームで遊ぶ機会が増えています。子どもたちの脳と身体の発達の観点からすると少々心配なデータですね。インターネットを通して得られる知識や、エンターテインメントも日常の楽しみとして大切なことですが、動画やゲームに潜む「やめられない中毒性」についても理解が必要です。画面を長時間見られることで恩恵を受ける人もいます。例えば、広告はできるだけ多くの人に長く見てもらうことで、価値が高まります。ゲームには夢中になる子どもたちに、もっと続けたくなる仕組みがあります。

ここで、子どもの日常生活を振り返ってみましょう。朝、学校につくと夕方まで授業を受けます。学校が終わってお家に帰り、おやつを食べながらスマホやタブレットで動画視聴やゲームをはじめたり、塾に行って勉強をしたりするでしょう。イスに座っての勉強、スマホやタブレットでの動画視聴やゲームは、手先だけを使います。手先だけを動かすためには、股関節周り、ひざ関節周り、背骨、肩周りの筋肉と関節をしかるべき角度に固定し、同じ姿勢でいます。ずっと関節を固定し続けるのです。すると、動画やゲームから入ってくる面白さや楽しさで、脳は部分的な興奮状態になり、身体を固定しているということに気づけなくなります。集中力が途切れた頃に〝あくび〟とともに背伸びをしたくなったり、立ち上がったときに「イテテ」と足が痺れていたり、腰が動きづらくなっていたりするのに気づくのはこのためです。私はこうしたことと、子どもたちの肩こり・腰痛・骨折の増加との関係性を考えざるを得ません。我々大人も、身体を動かす運動機能を健康に保つための意識を高める必要がありそうです。

日常生活のほとんどが身体を固めているんだぁ

ゲームやスマホを操作するときは、手先だけを使い、画面を安定して見るために、目線を固定する必要があります。そのために腕を前方に出して肩関節を固定します。目線を下げるために、首を曲げて固定する必要があります。そうして、長時間同じ姿勢でいることで、関節周りの筋肉が硬くなってくるのです。

動いてペタストレッチの目的

子どもの動きやすい身体をつくり出すこと

日常にちょっとした運動の機会を!

　私自身も、今この原稿を執筆しているときに、本の構成や内容を考えつつ、真剣にタイピングをする必要がありますので、お出かけをしたい思いや、他に浮かんでくるいろいろなやりたいことをこらえながら、パソコンに向かうように身体をがんばって固定し、頭と指を働かしています。

　電車の移動中に、読書やスマホの動画（スポーツトレーナーとして、選手の膨大な映像を観る必要がある）を観て夢中になっていたら、ひと駅乗りすごしたことも多々あります。

　ただ、身体に向き合う仕事で様々な機会や課題を得てきたおかげで、パソコン作業や動画視聴を続けると、身体が固定されるという自覚があり、合間に適宜ちょっとした体操やストレッチ、筋トレを行うようにしています。

　そのおかげもあって、首こり、肩こり、腰痛もなく、機能的な身体は維持できています。

　目の前には子どもたちの運動不足が止まらない問題があります。私が生まれた昭和とは時代が変わり、外遊びの機会を急に増やすことは難しい……。今の子どもたちに向けて、身体の発達と運動機能に働きかけることはできないか？と実際にトレーナーとしてスポーツ教室や自治体のイベントで、実践を繰り返しながら開発し、成果を上げてきた方法が、本書の「動いてペタストレッチ」です。

　今回みなさんにお届けする「動いてペタストレッチ」の4つの特徴を左ページに挙げてみました。

　人は子どもから大人になる過程の中で、段々と身体を部分的に扱えるようになってきます。そのため首や肩、腰の慢性的な痛みは、大人の特徴でした。

　しかし、今は子どもでも肩こりや腰痛を訴えることも少なくありません。まずは、現代の子どもたちが置かれている状況、環境的に運動機会が少なくなって、身体を固定している時間が増えている点を理解することが大切です。そこから、身体を動かすちょっとした機会を意識してつくってください。動いてペタストレッチで、子どもの動きやすい身体づくりを、日常の習慣として取り入れていきましょう。

肩こりや腰痛で悩む
子どもが増えて
いるんだよ

「動いてペタストレッチ」の４つの特徴

❶ 小学１年生から誰でもできる。

❷ お家で、親子でできる。

❸ 部分的なストレッチではなく、身体全体が柔らかく連動する。

❹ 体育やスポーツ前に行うとより効果を発揮。

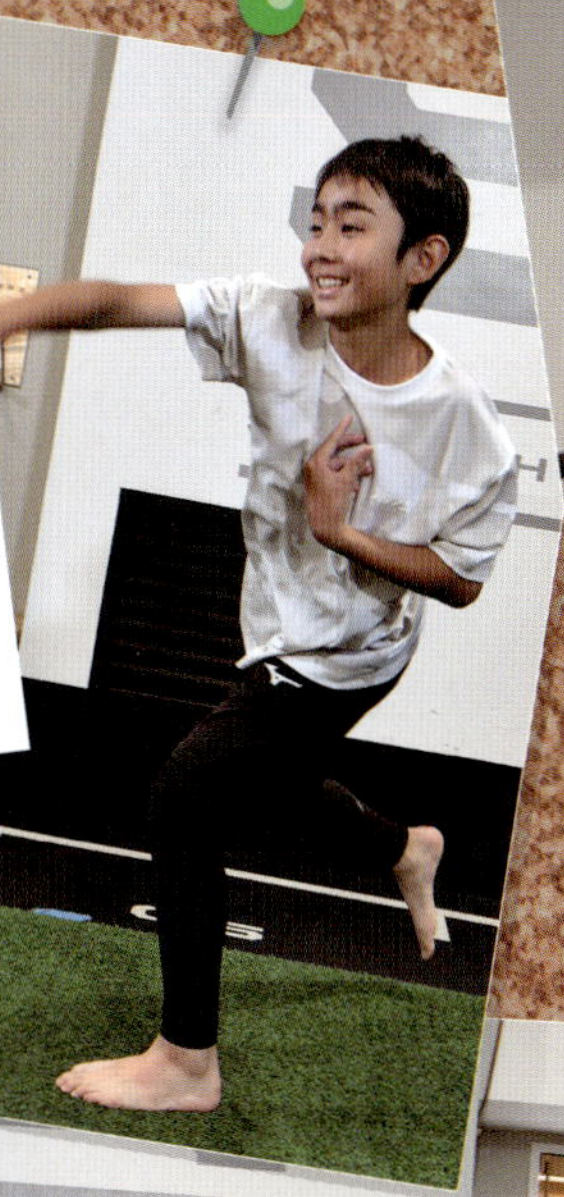

姿勢チェック

まずは、運動する前に、親子で姿勢チェックをしてみましょう！　正しい姿勢が取れているかどうかは、日常生活でも運動・スポーツをするときでも、とても重要になります。

姿勢の取り方

1. まずは、両足をそろえて、腕を身体の横(体側)にもっていく。
2. 目線は、少し高くして、遠くを見るようにする。
3. 胸を張りすぎず、肩に力も入らないように、楽に立つ。
4. 呼吸が止まらないように、鼻呼吸を自然なペースで続ける。
5. そのまま10秒間時間を測る。

チェック項目

		◎○△でチェック！
1	耳のラインがそろっている	
2	肩のラインがそろっている	
3	腰のラインがそろっている	
4	ひざのラインがそろっている	
5	頭のてっぺんから、足まで一本の線が引ける	
6	耳の穴と、肩のラインがまっすぐ引ける	
7	背中、腰の裏の筋肉を触って、左右どちらかだけが硬くなっていないか	
8	10秒間の間、グラグラせずに姿勢をキープできる	

姿勢チェックの項目は、◎(良い)＝3点、○(普通)＝2点、△(悪い)＝1点と点数を付けていきます。

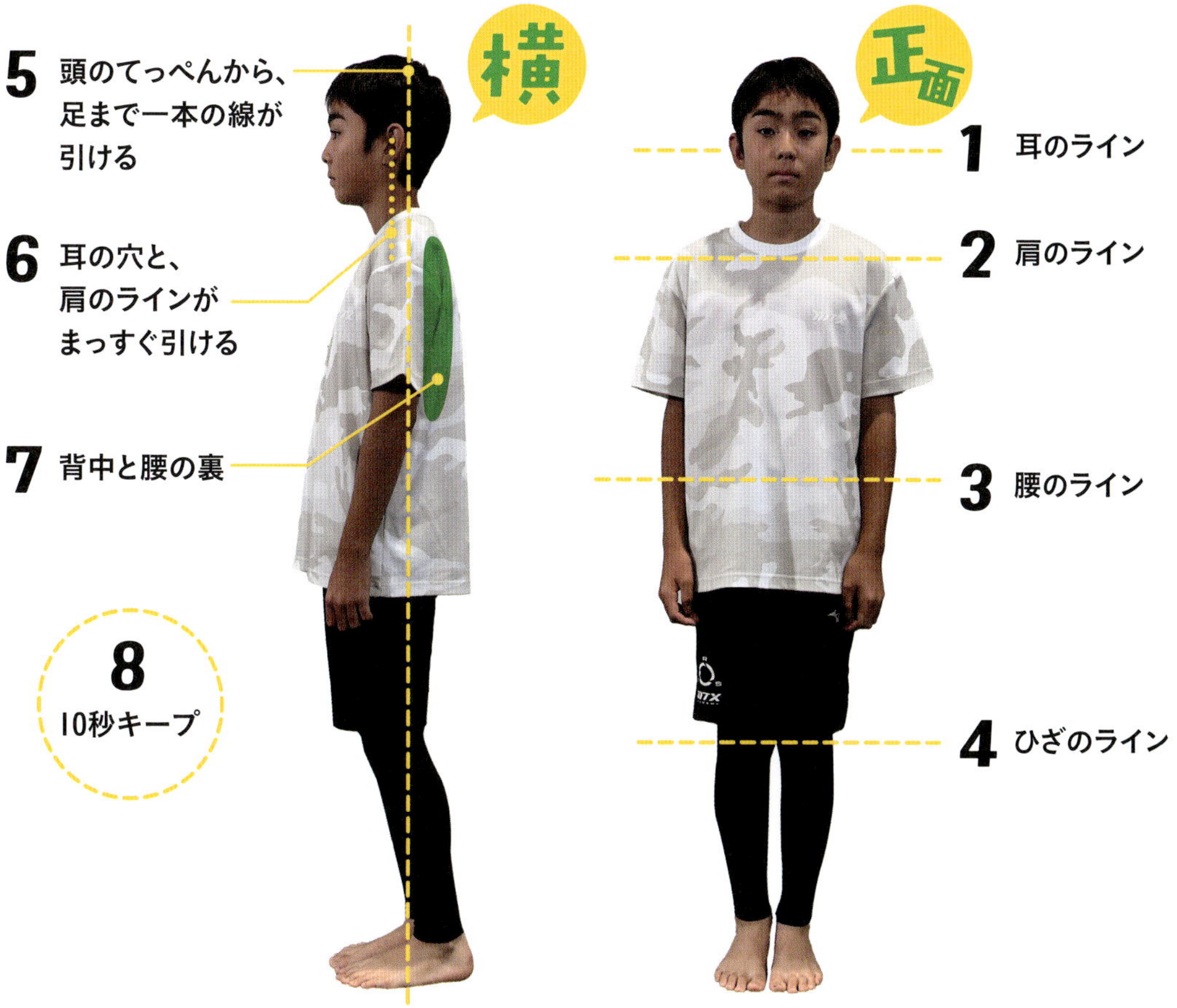
横
5 頭のてっぺんから、足まで一本の線が引ける
6 耳の穴と、肩のラインがまっすぐ引ける
7 背中と腰の裏
8 10秒キープ
正面
1 耳のライン
2 肩のライン
3 腰のライン
4 ひざのライン

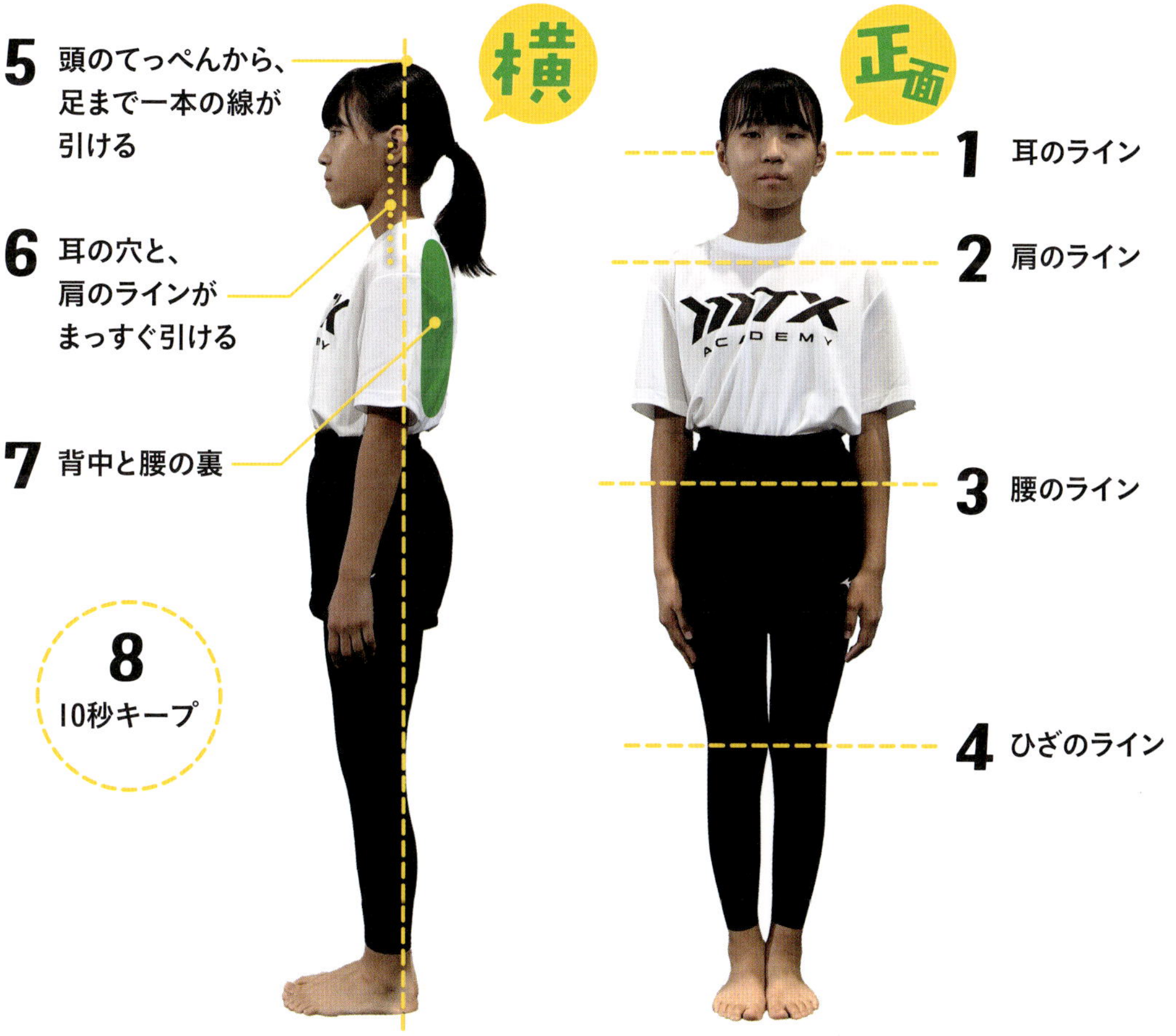
横
5 頭のてっぺんから、足まで一本の線が引ける
6 耳の穴と、肩のラインがまっすぐ引ける
7 背中と腰の裏
8 10秒キープ
正面
1 耳のライン
2 肩のライン
3 腰のライン
4 ひざのライン

動作チェック

次に動作チェックを行います。日常生活や運動・スポーツにも必要な基本的な動作で、①足上げ、②しゃがみこみ、③前屈・後屈の３つになります。

「足上げ」では、左右のバランスと、骨盤の中にある筋肉で大変重要な腸骨筋の働きをチェックしていきます。

「しゃがみこみ」では、足首、ひざ、股関節、背骨の連動をチェックします。

「前屈・後屈」では、腸骨筋の働きと背骨の連動をチェックします。

それぞれチェックシートを参照しながら、項目ごとに◎＝３点、○＝２点、△＝１点と点数を入れてみてください。スマートフォンや、タブレットで動画撮影をして、自分の動きを自分の目で見てみることもオススメです。さらに、人体の骨格モデルや筋肉などをネットで検索して、自分の身体はどのようにできているかを知ることも大切です。自分の関節の種類や、関節の動かし方を理解するだけでも動きは変わります。身体の構造を理解すると、動作をイメージしやすくなります。

足上げ

POINT **ひざの高さを股関節よりも上まで上げられるかどうかです。股関節を引きつける腸骨筋の働きが重要になるからです。**

▶ 足上げのやり方

1. 両足を肩幅ほどのスタンスにして立つ。背筋を伸ばし、両手を腰に添えて、目線を高くする。
2. 次に、おへその高さを目安に右ひざを引き上げ、そのまま片足立ちで７秒間キープできたらOK。
3. 右ひざを下ろして、反対の左ひざをおへその高さを目安に引き上げ、そのまま片足立ちで７秒間キープ。

▶ チェック項目

◎○△でチェック！

1	足上げで、片足立ちができる	
2	上げた足が、股関節よりも高い位置でキープできる	
3	足を上げたときに、頭の位置を腰のラインにのせることができる	
4	足を上げたときに、腰と背中をまっすぐにできる	
5	足を上げたときに、ひざを曲げずに立てる	
6	足上げを7秒キープできる	

正面

右足

左足

支えるほうの足の腰回りの筋肉がしっかり働き、背骨が楽にまっすぐ立てるかどうかチャレンジしてみよう。

7秒間キープ！

股関節に引きつける力が働いていることがポイント。反対の支えるほうの足は、ひざ裏を伸ばすように力が働く。

横

右足

左足

股関節に引きつける力の働きが弱いと、骨盤が後ろに倒れてしまい、まっすぐ立つことができない。

7秒間キープ！

おへその高さを目安にひざを高く引き上げる。足のつま先も上向きに引き上げるようにする。

しゃがみこみ

POINT 足首→股関節→背骨を柔らかく連動させて、おしりを地面近くまで落としていくことがポイントです。

しゃがみこみのときは、肩幅より広めに両足のスタンスを取って、股関節が深く使えるようにして行う。腰は力を抜いて丸くなっても大丈夫。

▶ しゃがみこみのやり方

❶ 両足は肩幅より少し広くスタンスを取る。

❷ かかとを地面につけたまま、しゃがみこんでいく。

❸ 骨盤、背骨はゆるやかに丸めていく。

▶ チェック項目

◎○△で チェック!

1	かかとをつけたまま、しゃがみこみができる	
2	股関節に痛みや、力みなくしゃがむことができる	
3	両ひざに力が入らず、楽にしゃがむことができる	
4	おしりと地面の間が、こぶし1つ分くらいまでしゃがむことができる	
5	背中と腰に力みなく力を抜いて、しゃがむことができる	
6	しゃがみこみの体勢で、7秒間キープできる	

前屈・後屈

POINT 股関節を中心に身体を前に前屈し、後ろに後屈していく動作の中で、背骨がしなやかに連動していくことがポイントです。

両手を前にして、身体をゆっくり前に倒していく前屈、腰に手を当てて、ゆっくり後ろにそらしていく後屈で背骨の動きをチェックする。

前屈・後屈のやり方

1. 両足は肩幅より少し狭いスタンスで立つ。
2. 身体の力を上手に抜きながら、前に身体を倒していく。
3. 次に、身体を起こしてから、後ろに身体を倒していく。

チェック項目

◎○△でチェック！

1	股関節から身体を前に折りたたむように、前屈動作ができる	
2	手のひら全体を地面につけることができる	
3	ひざ裏、もも裏、腰、背中の力を抜いて、楽に前屈動作ができる	
4	股関節から身体を後ろに倒すことができる	
5	おしりに力を入れて、気持ちよく腹筋をストレッチできる	
6	かかとから頭まで、「C」の字をつくることができる	

COLUMN 1

筋トレをすると背が伸びなくなるって本当!?

子どもや青少年の筋力トレーニング（レジスタンストレーニング）は、成長に悪影響を与えることなく、全体的な健康とフィットネスを向上させる効果があります。

MTX アカデミー
ストレングストレーナー
木下豪大

科学的なエビデンス

カナダの運動生理学研究のデータによれば、子どもや青少年のレジスタンストレーニングは、適切なプログラムのもとで行われた場合、筋力や持久力の向上に加えて、骨の成長や健康によい影響を与えることが示されています【Behm et al., 2008】。さらに、NSCA（National Strength and Conditioning Association）の公式な文書では、適切な指導のもとでの筋力トレーニングが骨の健康を促進し、成長を妨げることはないと述べられています【Lloyd et al., 2014】。

気をつけること：成長板への影響

成長板は、骨の末端にあり、成長期において骨の長さを増やす役割を果たします。過度な重量を扱うトレーニングや高頻度のトレーニングは、成長板に過度な圧力をかけ、損傷のリスクを高める可能性があります。特に、不適切なフォームや過度な負荷は、成長板に悪影響を与えることが知られています。これにより、成長が停止するか、骨の変形が起こる可能性があります【Malina et al., 2006】。

適切なトレーニングの重要性

筋力トレーニングは、過度な頻度や強度でトレーニングを行うと、筋肉や骨の回復が追いつかず、成長に悪影響を与えることがあります。特に、重い負荷を頻繁に扱うことは成長板に負担をかけ、成長を妨げる可能性があります。また、間違ったフォームで行ってしまうと、特定の部位に過剰な負荷がかかり、成長板や関節を傷つけるリスクがあります【Faigenbaum et al., 2009】。成長期の子どもたちには、適切な指導のもとでバランスの取れたトレーニングを行うことで、強い骨をつくり、健康的な成長を促進することができます。ここでのバランスとは、**❶自分の身体の重心をとらえて、関節に負担をかけずに身体を使えること、❷運動に対して、気持ちよく、前向きな姿勢で取り組めること、❸休養と栄養をしっかりとった上で、適度な量の筋トレに取り組むこと**、が挙げられます。そういった意味で、本書の『動いてペタストレッチ』で、身体を上手に使う感覚を養い、動ける身体の基礎づくりを学んだ上で、筋力を高めるための筋トレに取り組むとよいでしょう。

chap 2

動いてペタストレッチをすると身体の使い方が上手くなる！

動いてペタストレッチは、動き全体の柔軟性を高めます。
重心移動とストレッチ動作を組み合わせることで、
力を抜いて動く感覚を覚えることができます。

子どもは本来、身体全体を動かすほうが得意

背骨と骨盤の使い方を重視する

「成長は分化すること」

「動いてペタストレッチ」は、背骨と骨盤の使い方を重視します。それは、子どものときにこそ、身体全体のつながり、動かしやすさを高めたいからです。発達学では、「成長は分化」と考えます。分化とは分かれていくことです。人間は、大人の身体に成長するにつれて部分的に身体を使えるようになってきます。子どもは身体を部分的に動かすよりも、全体的に動かすほうが得意です。外で夢中になって遊んでいるときは、疲れなど知らずに身体全体を使って動き回り、夜になったらバタンと寝る。回復力も高く、早寝早起きの規則正しい生活をしていれば、疲労は溜まりにくくなります。大人は、部分的に身体を使えるようになる一方で、疲れも部分的に偏りやすくなります。肩こりや腰痛などの慢性的な痛みは、大人特有の症状なのです。

　ところが近年、子どもが肩こりや腰痛を訴えるケースが増えています。肩こりに悩む子どもの割合は、小学生で25・1%、中学生で31・2%、高校生で65・3%というデータ（厚生労働省）が報告されています。本来、子どもは代謝がよく、筋肉疲労の回復が早いため、身体をたくさん動かせばほぐれていくのですが、現代の生活事情ではそうはいきません。

❶体を使って、外で遊ぶ時間が減っている。

❷テレビやゲーム、スマートフォンなどで目を酷使している。

❸受験のために塾や家で机に向かう時間が長く、精神的なストレスも増えている。

　こうした状況が、子どもの肩こりを増やしていると考えられます。

　そこで、日常的に身体を動かす習慣を意識して取り入れ、健康で健全な身体の発達を促すために、私は「動いてペタストレッチ」を考案しました。

　従来のストレッチは、アプローチしたい箇所を部分的に伸ばす方法がほとんどです。しかし、子どもは部分的にストレッチすることが難しいので習慣になりにくいのです。まずは、子どもが取り組みやすいように、身体全体を動かすことや背骨と骨盤を重視した動きで柔軟性を高めていくようにデザインしました。

動いてペタストレッチは、身体の動きの柔軟性を高めるために、身体の構造の中心を担う背骨と骨盤に働きかけるストレッチワークを基本に構成されています。

人間も、魚、カエル、トカゲ、ライオンと同じく脊椎（セキツイ）動物です。 脊椎動物の背骨の役割は2つあります。 1つは、身体を支える柱としての役割です。 2つ目は、身体を動かす機能をもっていることです。 背骨と骨盤は、身体の構造の中心を担っています。

前屈・後屈、側屈、ねじるで腸骨筋にスイッチ

動くための身体づくりからはじめよう

固定する使い方から動かす使い方へ

　背骨と骨盤を使った動きは、前に倒す（前屈）、後ろに倒す（後屈）、横に倒す（側屈）、身体をねじるの４つの動きになります。この４つの動きを使って、背骨と骨盤の中にある腸骨筋を使えるようにします。日常生活では、イスに座る、勉強する、ゲームをする、ご飯を食べるなど、背骨と骨盤で身体を固定し、手先を使って作業をする時間が圧倒的に多いのです。そのため、身体を固定する使い方から、身体を動かすための使い方へ切り替えることに意識して取り組む必要があります。骨盤の中にある腸骨筋は、筋膜を通じて身体全身の筋肉とつながっています。筋肉の動きは、まず骨についている内側の筋肉（インナーマッスル）が動きの誘導をしてくれて、そのあと大きな力を生み出す外側の筋肉（アウターマッスル）が働くように設計されています。身体がしなやかに動くためには、インナーマッスルがしっかりと機能することが大切です。腸骨筋は、身体の中心部にあるインナーマッスルです。前屈、後屈、側屈、ねじる、４つの動きで腸骨筋にスイッチを入れたいのですが、もう一つ工夫が必要です。それは、「移動」をしてから、動作へと入っていくことです。

　みなさんは、前屈・後屈の体操をやったことがあると思います。通常は、立った姿勢からそのまま身体を前に倒したり、後ろに倒したりしますね。そうすると、動きの支点が足元になり、腸骨筋にスイッチが入る前に、背骨が丸まる動作へと入ってしまうので、上手に身体を使えません。そこで、前屈をする前に、後ろに一歩移動します。後ろに一歩移動することで、動きの支点が足元から股関節へとシフトします。支点を足元から股関節へシフトすることで、股関節から折りたたむように身体を前屈させることができます。

　人間の身体は、股関節を横に結んだラインあたりに重心があります。子どもは大人に比べて身体と頭の比率が異なるので重心の位置は高くなります。移動して支点をずらし、慣性の力を動きにつなぎ、身体感覚を養うことは、動くための体づくりに大変有効です。

子どもは大人より
重心の位置が
高いんだって！

良い動き

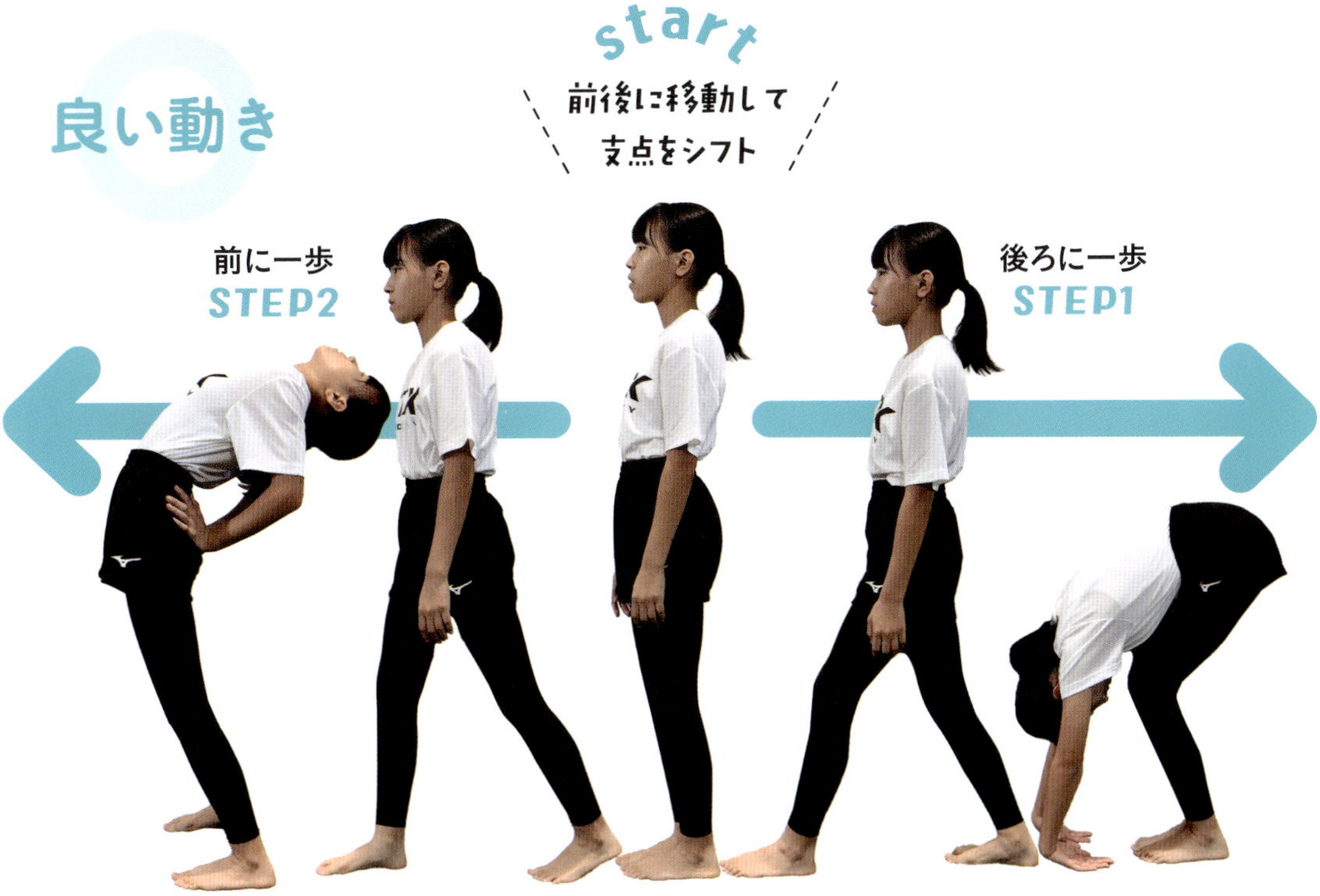
start
前後に移動して
支点をシフト
前に一歩
STEP2
後ろに一歩
STEP1

後ろに歩いて、支点を股関節に移動してから前に倒れる。 前に歩いて後ろに倒れる。 支点を足元から股関節に移動させ、後ろに移動することで生じる慣性力を前に倒れる動きの流れにつなげることで、上手に力を抜く感覚が養われる。

悪い動き

NG
移動しないで
支点は足元のまま

歩く動作をなくして足は動かさず、その場で前に倒す、後ろに倒す動作をすると支点が足元になる。 すると、股関節から動かず、さらに前に倒れる恐れがあるので、身体に力が入り、スムーズな動作ができなくなる。

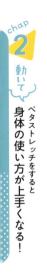

気持ちよく動くことで脳の長期記憶に保存される

身体全体を大きく使う3つのワーク

重心移動で慣性の力

「動いてペタストレッチ」は3つのストレッチワークで構成されています。1つ目は、身体を前と後ろに倒す前屈・後屈、2つ目は、身体を横に倒す側屈、3つ目は、身体を左右にねじる運動です。この3つの動きを骨盤の中にある腸骨筋から動かす意識で行います。この腸骨筋が硬くなってしまうと、身体の連動性がなくなります。

　腸骨筋の働きを高めるため、3つのストレッチワークを行うときに大切なポイントがあります。それは、動きの支点を足元から股関節に移動することです。前屈・後屈をするときは、一歩後ろに歩いてから身体を前に倒し、次に一歩前に歩いてから後ろに倒していきます。歩くことで、重心の移動が生まれ、支点が足元から股関節にシフトしてくれます。重心が移動すると身体に慣性の力が働きます。その慣性で生まれた力を利用して、次の動作へと動きの流れをつくります。そうすることで、力まずに次の動作に入っていく感覚を身体で覚えることができます。実際にやってみると、力の流れを動きに変えていくときに、「ああ、これが力まずに動く感覚か！」とすぐに理解できると思います。この力まずに力が流れていく感覚で動けるようになると、気持ちよく身体全体を動かすことができてきます。

　この気持ちよさを感じながら身体を動かす経験が脳にとってとても大切な刺激になります。よい動きを長期記憶に保存していくためには、「気持ちよさ＝快の刺激」が伴うことが必要です。心の中枢と言われる扁桃体が快か不快を感じ取り、快の感覚とともに海馬を通して、記憶に保存するシステムが脳機能にあるからです。身体を柔らかくしたいからと「イテテテ」と痛みを我慢して無理やりストレッチをするのは逆効果。子どもは、発育の段階で身体の組織自体は柔らかいのですが、重心の感じ取り方、動きの流れの使い方がわからないと、ぎこちない動きとなってしまいます。大人と比べて、身体全体を動かすことが得意な時期に、「動いてペタストレッチ」を活用して、身体全体のつながりがよくなる習慣を身に付けていきましょう。

後屈
前屈
少し曲げる

身体を前に倒す前屈と、身体を後ろに倒す後屈。前屈するときはひざを軽く曲げて行う。ひざを軽く曲げることで、股関節がニュートラルな場所に収まり、運動効果が上がる。

右へ
ねじる
左へ
ねじる

右へ
側屈
左へ
側屈

身体を左右にねじる。ねじる運動をするときに、肩や腰をねじる意識ではなく、骨盤の中にある腸骨筋をねじってあげる意識で行う。

身体を横に倒す側屈。左右を交互に行う。横に倒す動きは、ゆっくり気持ちよく行う。脇の筋肉を動かすと肩回りの筋肉がほぐれる。

身体感覚と運動感覚を育て、イメージを活用

重心の使い方がわかると運動やスポーツがうまくなる

運動能力UP!
動いてペタストレッチ

運動やスポーツが上手くなるためには、力を抜いて動く感覚をつかむことが大切です。「ウォーミングアップに何をしたらよいですか？」と聞かれることがありますが、動きの柔軟性を高める「動いてペタストレッチ」の3つのワークは、運動やスポーツ前に行い、身体の力みを取るのに最適です。

運動やスポーツでは全身の協調運動が必要です。さらに、不測に起こることに対し、とっさに対応しなければなりません。全身の協調性を高め、身体の反応力を高めるためのポイントは2つあります。一つ目は、力を抜いて動く感覚を覚えること。2つ目はニュートラルなポジションに重心を置いて動く感覚を覚えることです。「動いてペタストレッチ」3つのワークに取り組むと、これらの感覚を身体で覚えられます。

運動能力の〝能〟という字には、「自分が思い描いたことを実現する力」という意味があると言われています。つまり、運動能力とは、思い描いたことを身体を使って実現する力のことです。例えば、「20段ある階段を15秒で登り切ろう！」とイメージしたことをその通りにやり遂げる。「あの投手の投げるボールをセンターに打ち返したいなぁ」とその通りに打てる力です。こうした運動能力を上げるためには5つの段階があります。**❶身体感覚を育てる。❷運動感覚を育てる。❸運動機会をつくる。❹運動学習スキルを身に付ける。❺目的をもって運動に取り組む**です。本書では、大切な土台となる❶と❷を育てるためのワークを紹介します。身体感覚は、身体を動かすことで少しずつ育っていきます。さらに、親子で行うペアワークによって外から触ってもらうことで、身体の認識力が高まります。

運動感覚を育てるには、イメージを活用します。本書では、「ゆする」「振る」「通す」「回す」という4つのイメージを使って身体を動かすワークを紹介します。走る、投げる、打つ、スイングするなど、スポーツのあらゆる動作は、この4つの動作イメージの組み合わせですので、身体を思い通りに操作する感覚をつくれます。

動いてペタスレッチはスポーツに活かせるよ！

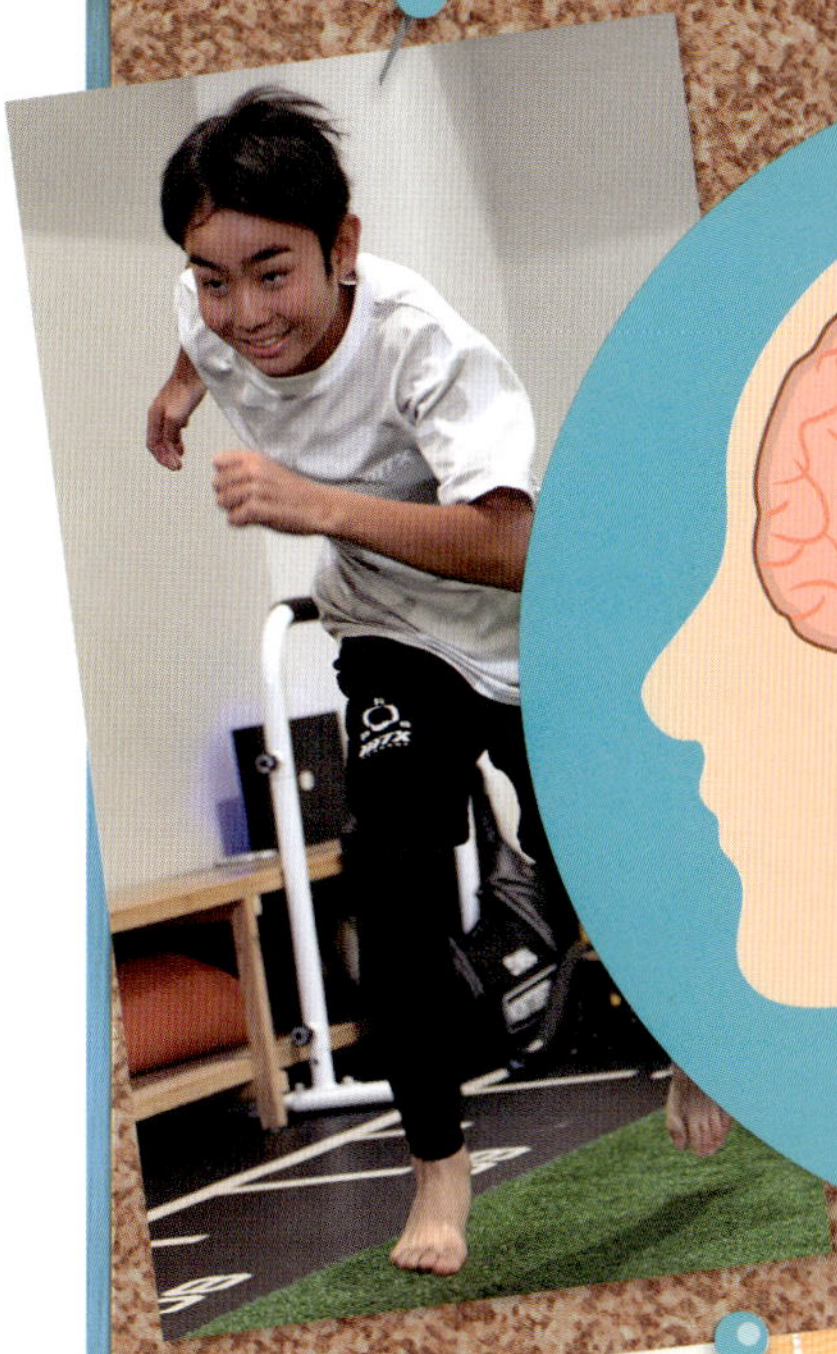

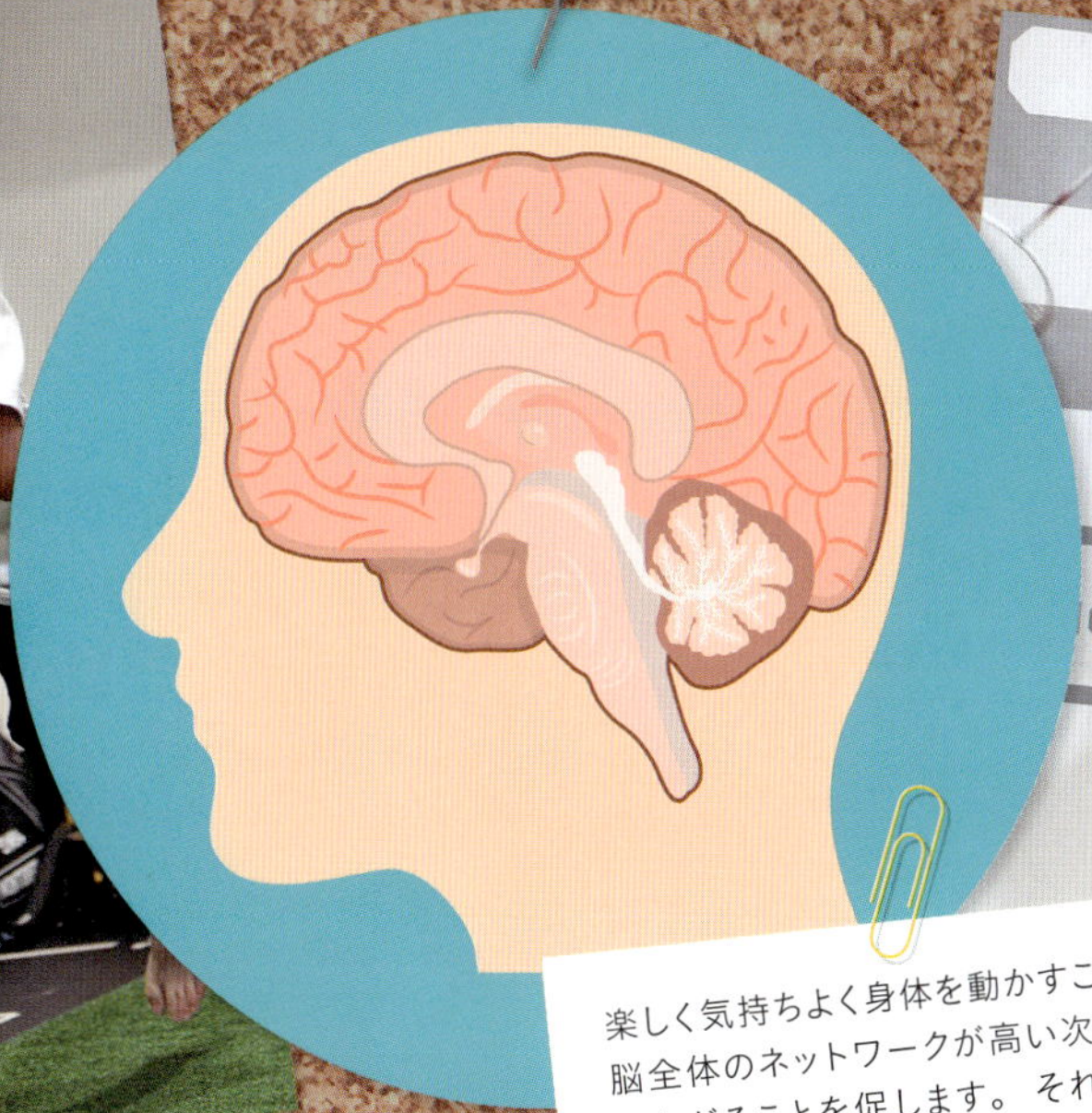

楽しく気持ちよく身体を動かすことは、脳全体のネットワークが高い次元でつながることを促します。それはそのまま複雑なことを考える力になっていくことが、脳科学の研究で明らかになっています。

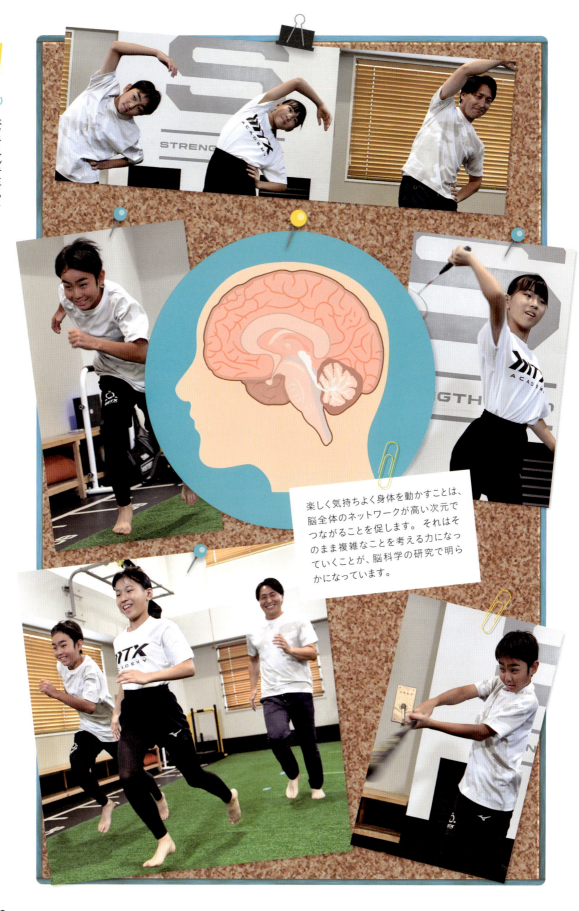

section 1

全身ペタ ストレッチワーク

腰の中の
筋肉を動かそう!
MOVE
movie

3つの全身ペタストレッチワーク

ここでは、全身ペタストレッチワークの基本となる3つのストレッチワークを紹介します。一つ目は、「前屈・後屈」。2つ目は「側屈」。3つ目は「ねじり」です。全身の要になっている骨盤という骨があります。骨盤の中に「腸骨筋」という筋肉があり、全身の筋肉は、全部「腸骨筋」とつながっています。全身ペタストレッチワークでは、3つの背骨の動きと腸骨筋をつなぐことで、身体全身のつながりがよくなり、動きの柔軟性を高めることができます。動きの柔軟性を高めるためには、身体の重心の使い方がカギになります。3つの全身ペタストレッチワークで、重心の使い方と背骨の柔軟性を高めて、しなやかに動ける身体にしていきましょう。

前屈と後屈の動きを
使って、ストレッチ
しています
MOVE

▶曲げる⇆そらすワーク

POINT

❶ **曲げる**（前屈）
股関節から身体を折りたためるようにする。

❷ **そらす**（後屈）
おしりの筋肉をしっかり使えるようにする。

❸ 前後の移動を行い、身体の重心の使い方を覚える。

側屈の動きを使って
ストレッチ
しています
MOVE

▶右へ⇆左へ 側屈ワーク

POINT

❶ 骨盤を横にスライドさせながら、腸骨筋をストレッチする。

❷ 腕のつけ根、肋骨の筋肉を気持ちよくストレッチする。

❸ 横の移動を行い、身体の重心の使い方を覚える。

ねじる動きを使って
ストレッチ
しています
MOVE

▶右へ⇆左へ ねじるワーク

POINT

❶ 骨盤の中の筋肉をねじるように、腸骨筋をストレッチする。

❷ 腸骨筋のねじりに、全身がつながるようにする。

❸ 横の移動を身体の回転運動につなげるようにして、重心の使い方を覚える。

動きの柔軟性を高める

1

全身ペタストレッチワーク

曲げる↓↑そらすワーク

MOVE

重心移動を活用することで、動きの支点が股関節になります。動きに流れをつくりながら、気持ちよく前屈と後屈の動きを繰り返します。

STEP 1

後ろに歩いて

まず、後ろに一歩下がって、すかさず前屈へとつなげていく。そうすることで、支点が足元から、股関節へ移動し、身体を前に倒しやすくなる。

POINT

ひざを自然に曲げることがポイント。ひざを曲げると股関節の位置が整って、柔らかく動く。

movie

STEP❷

前に歩いて

start

1

前屈をしたら**1**の姿勢に戻り、前に一歩進んで、すかさず後屈へとつなげていく。そうすることで、支点が足元から股関節に移り、背骨を後ろにそらしやすくなる。

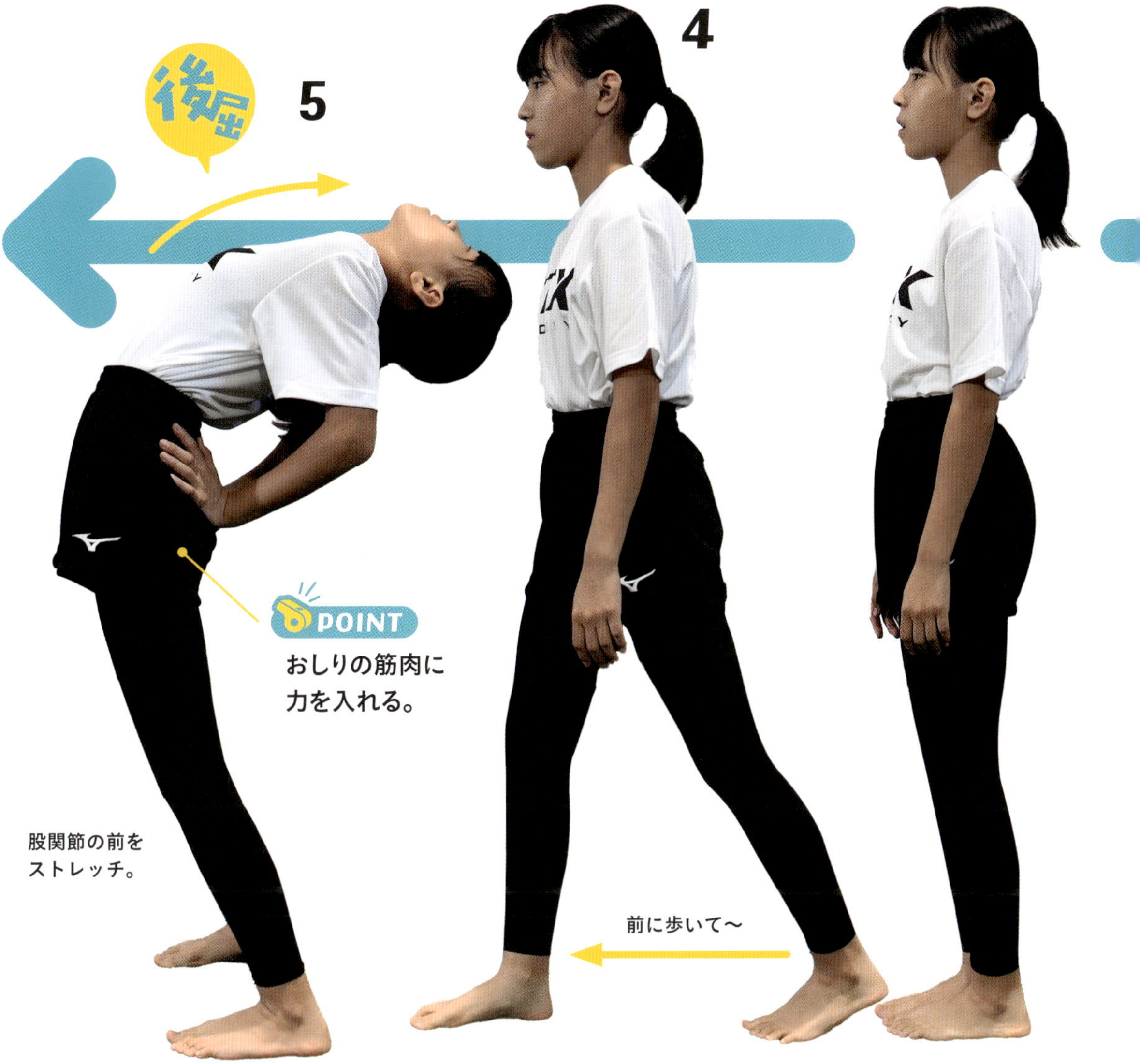
4
後屈
5
POINT
おしりの筋肉に力を入れる。
股関節の前をストレッチ。
前に歩いて～

パパママにひと言

全身の骨の動きに連動が生まれる

「後ろに歩いて前に曲げる、前に歩いて後ろにそらす」をリズミカルに繰り返すことで、全身の骨の動きに連動が生まれ、筋肉がほぐれるように柔らかくなってきます。前後に3回～5回、最初はゆっくりとした動きからはじめて、滑らかな動きで、少しずつ身体を柔らかく使えるように、繰り返し行ってください。

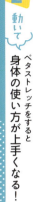

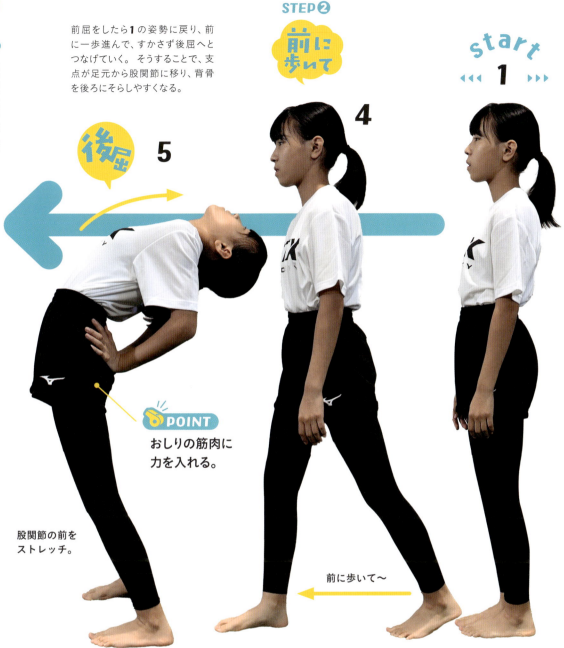

STEP❶ 解説

前屈

①股関節から身体を折りたたむ。
②ひざを軽く曲げて、股関節をニュートラルにする。
③背骨をぶら下げるように力を抜いていく。

POINT
背骨をぶらさげるように、
力を抜いていく。

POINT
股関節から身体を折りたたむ。
イラストの腸骨筋をギューッと
縮めていくイメージ。

ひざは軽く
曲げて OK！

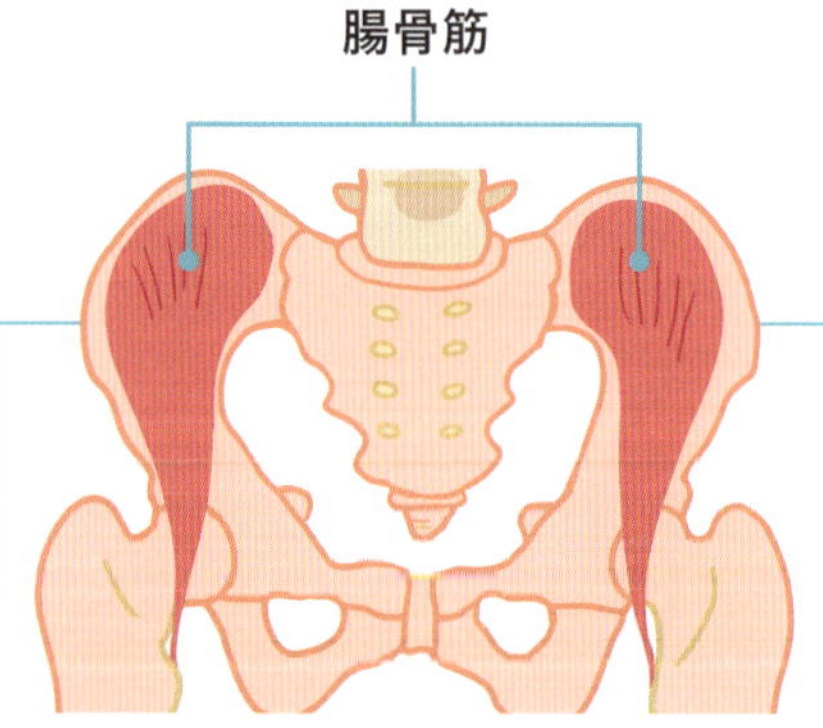

前屈は、腸骨筋を縮めていくイメージ

骨盤の腸骨から、股関節の内側にかけてついている腸骨筋という筋肉があります。 全身の筋肉は、腸骨筋へとつながっていきます。 この筋肉へと動きをつなげる意識をもつことで、動きに柔軟性がついてきます。 前屈は、腸骨筋を縮めていくように意識します。

STEP❷ 解説

後屈

①おしりの筋肉にしっかり力を入れる。
②お腹と胸の筋肉を気持ちよくストレッチ。
③ひざを伸ばして使っていく。

POINT
おしりに力を入れて、
腸骨筋を
伸ばしていく。

ひざを伸ばす。

POINT
お腹と胸を
ストレッチする。

両足は、
肩幅より
大きく開く。

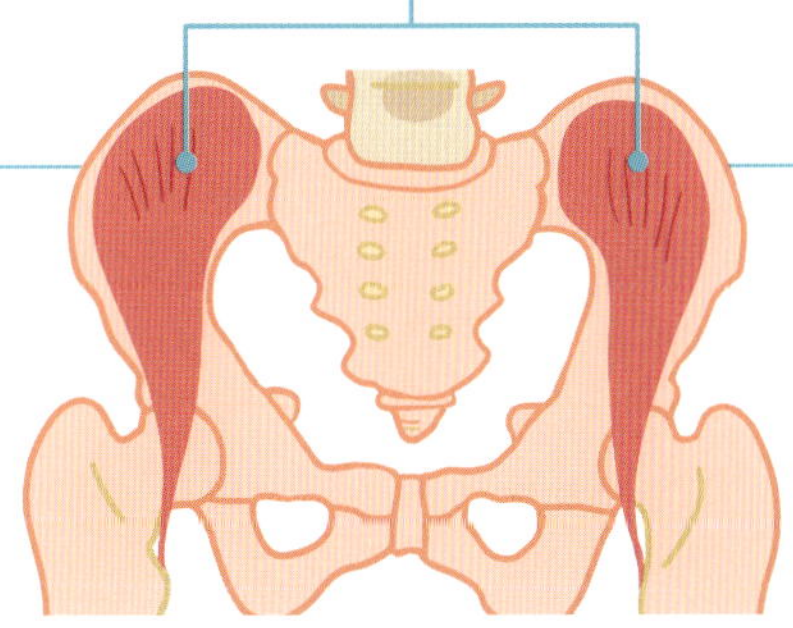

腸骨筋を鍛えて、全身の連動性を活発に

日常生活でイスに座る時間には、学校の授業も含めて、多くの時間が割かれています。 イスに座るときは、腸骨筋で身体を固定するように働かせます。 腸骨筋が固まると全身の連動性が乏しくなり、動きが硬くなっていきます。 全身ペタストレッチで腸骨筋の柔軟性を高めていきましょう。

動きの柔軟性を高める

2

全身ペタストレッチワーク

右へ↔左へ 側屈ワーク

重心移動を活用しながら、動きに流れをつくり、側屈の動作で身体の横(体側)の筋肉を気持ちよくストレッチしていきます。

MOVE

movie

POINT

左に歩いた動きの流れを、
右に側屈していく動作につなげていく。

STEP❶

左に歩いて

2

右に側屈

3

POINT

腕のつけ根から
気持ちよく
ストレッチ。

左に一歩進み、その動いた流れを、右への側屈の動きに気持ちよくつなげていく。
骨盤を横へとスライドさせながら、脇全体をストレッチする。

パパママにひと言

脇を鍛えて、のびやかに身体を大きくする

側屈では、身体の脇のラインの筋肉をストレッチします。 勉強するとき、本を読むとき、スマホを使うとき、脇の筋肉は固定されています。 脇の筋肉が固まると前方に背骨が丸くなり、首への負担も高まります。 身体を大きくするためにも、脇の筋肉をストレッチして、姿勢不良を起こさないようにすることが大切です。

STEP 2
start
1
右に歩いて
4
左に側屈
5
POINT
側屈の体勢になったら、脇の筋肉が伸ばされていくのを感じる。
骨盤を右にスライドさせていく。

右の側屈を終えたら**1**の姿勢に戻り、右に一歩進み、動いた流れを左への側屈へと気持ちよくつなげていく。 骨盤を横へとスライドさせながら、脇全体をストレッチする。

STEP① 解説

左側屈

①腕が耳よりも後ろにくるように。
②骨盤を横にスライドさせる。
③脇のラインをストレッチする。

POINT
腕を耳よりも後ろに
セットすることで、
脇の筋肉がストレッチされる。

POINT
脇にある前鋸筋を
しっかりストレッチ。

POINT
腰を横にスライド
させていくことで、
背骨がしなるように
側屈できる。

ひざは軽く
曲げた状態から
スタート。

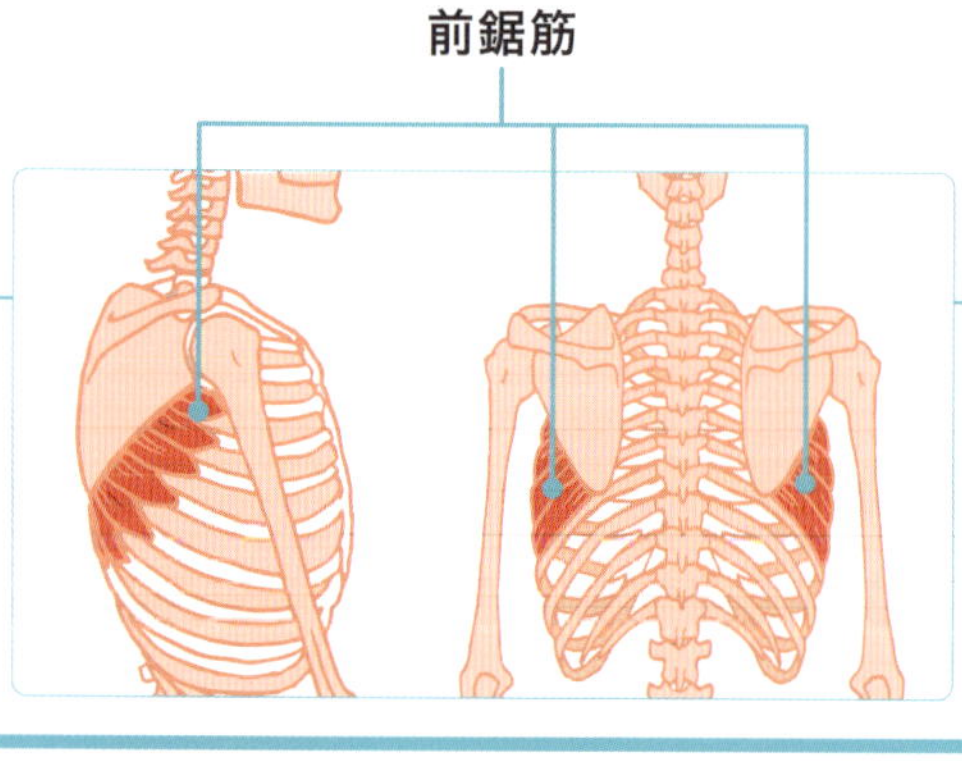

身体の脇ラインの柔軟性を高める

ひざを柔らかく使いながら、骨盤を横へとスライドさせ、左側の腸骨筋が縦にストレッチされていくようにイメージします。 腕から足元まで身体の脇ラインがつながるように前鋸筋をしっかりストレッチしていきます。

STEP❷ 解説

右側屈

①腕が耳よりも後ろにくるように。
②骨盤を横にスライドさせる。
③脇のラインをストレッチする。

POINT
腕が耳よりも後ろに
くるようにセットする。

POINT
腰の中の筋肉が
縦に伸ばされて
いくことをイメージ
しながらストレッチ。

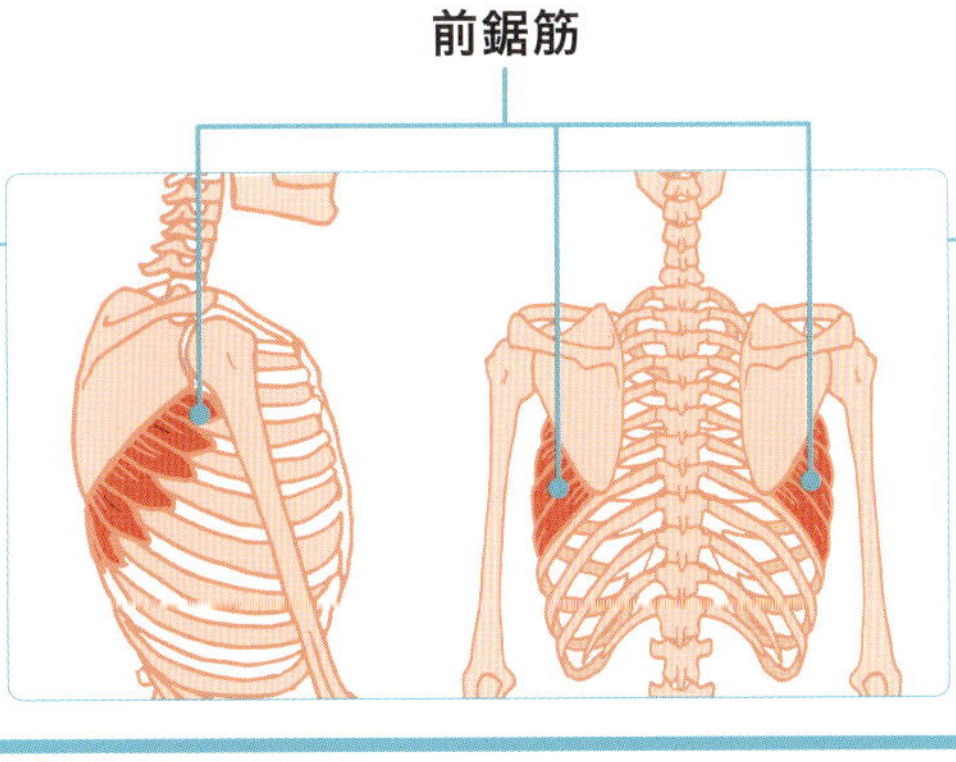

腕と足の連動を生む前鋸筋

腕のつけ根には、前鋸筋という筋肉があります。パソコンのタイピングや、スマホを使うときは、前鋸筋を固定するように使います。この筋肉が硬くなると、腕と足の連動が硬くなっていきます。脇のラインをストレッチすることで、しなやかな動きになります。

動きの柔軟性を高める

3

全身ペタストレッチワーク

右へ↓↑左へねじるワーク

MOVE

重心移動を活用しながら、動きに流れをつくり、骨盤の中にある腸骨筋から背骨→肩甲骨までをねじっていきます。

movie

左に一歩進んで、その動きの流れに沿って、身体全体をスムーズに右方向へとねじっていく。 そのときに、腰の中の筋肉から、ねじりを効かせるようにストレッチする。

POINT

頭から、一本の串が通っているように意識しながら、身体全体を右方向へとねじる。

STEP 1

左に歩いて

POINT

左ひざを右ひざよりも前にもってくる。

POINT

右に一歩動く流れを、そのままねじりの動きへとつなげていく。

パパママにひと言

筋肉の柔軟性を高める「ねじる」動作

筋肉の柔軟性を高め、しなやかな動きへとつなげていくときに「ねじる」動作はとても有効です。股関節は球状の関節をしていて、螺旋状に筋肉がついています。ねじる動作を効果的に入れることで、筋肉の柔軟性が高まっていき、らせんの動作で身体全体がつながっていきます。

右のねじりを終えたら**1**の姿勢に戻る。次に右に一歩進んで、その動きの流れに沿って、身体全体をスムーズに左方向へとねじっていく。そのときに、腰の中の筋肉から、ねじりを効かせるようにストレッチする。

STEP❶ 解説

左側屈→右ねじり

左へ一歩進んだら、その動きを右ねじりの運動へつなげていく。骨盤の中の筋肉をねじるように意識すると効果的。

1
2
頭から一本の串が
通っていることを
イメージする。
POINT
骨盤の中の筋肉を
ねじるように意識。
2秒間
キープ！
左ひざを右ひざより
前に出す。

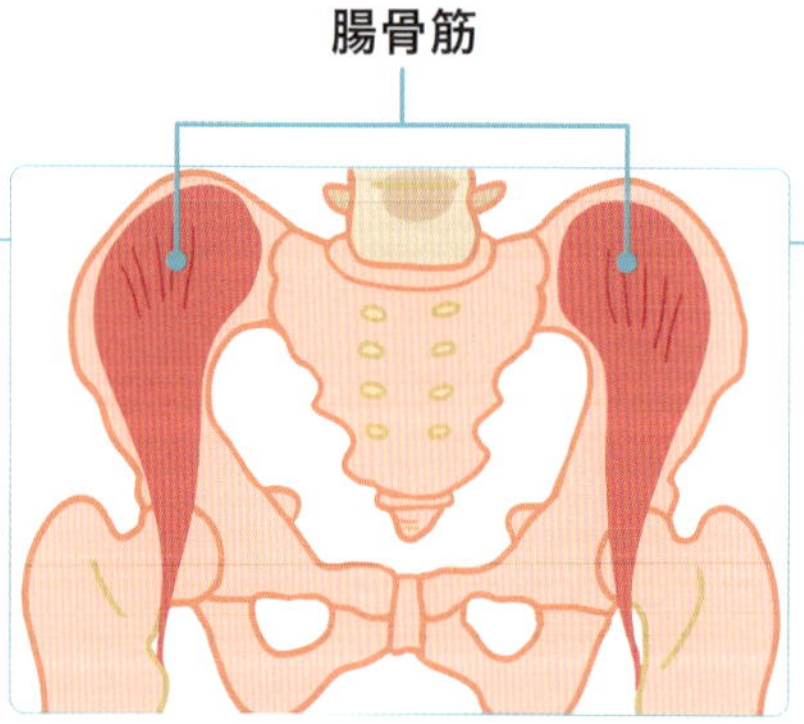
腸骨筋

骨盤の中の腸骨筋を「ねじる」ように意識する

左に一歩歩いて、右にねじる運動のときは、右の腸骨筋をねじるように身体を回旋させていきます。腸骨筋を深くねじったら、そのまま2秒間静止することで、筋肉に収縮する力が働きます。そうすることで、筋肉の動きがよくなります。

STEP❷ 解説

右側屈→左ねじり

右へ一歩進んだら、その動きを左ねじりの運動へつなげていく。骨盤の中の筋肉をねじるように意識すると効果的。

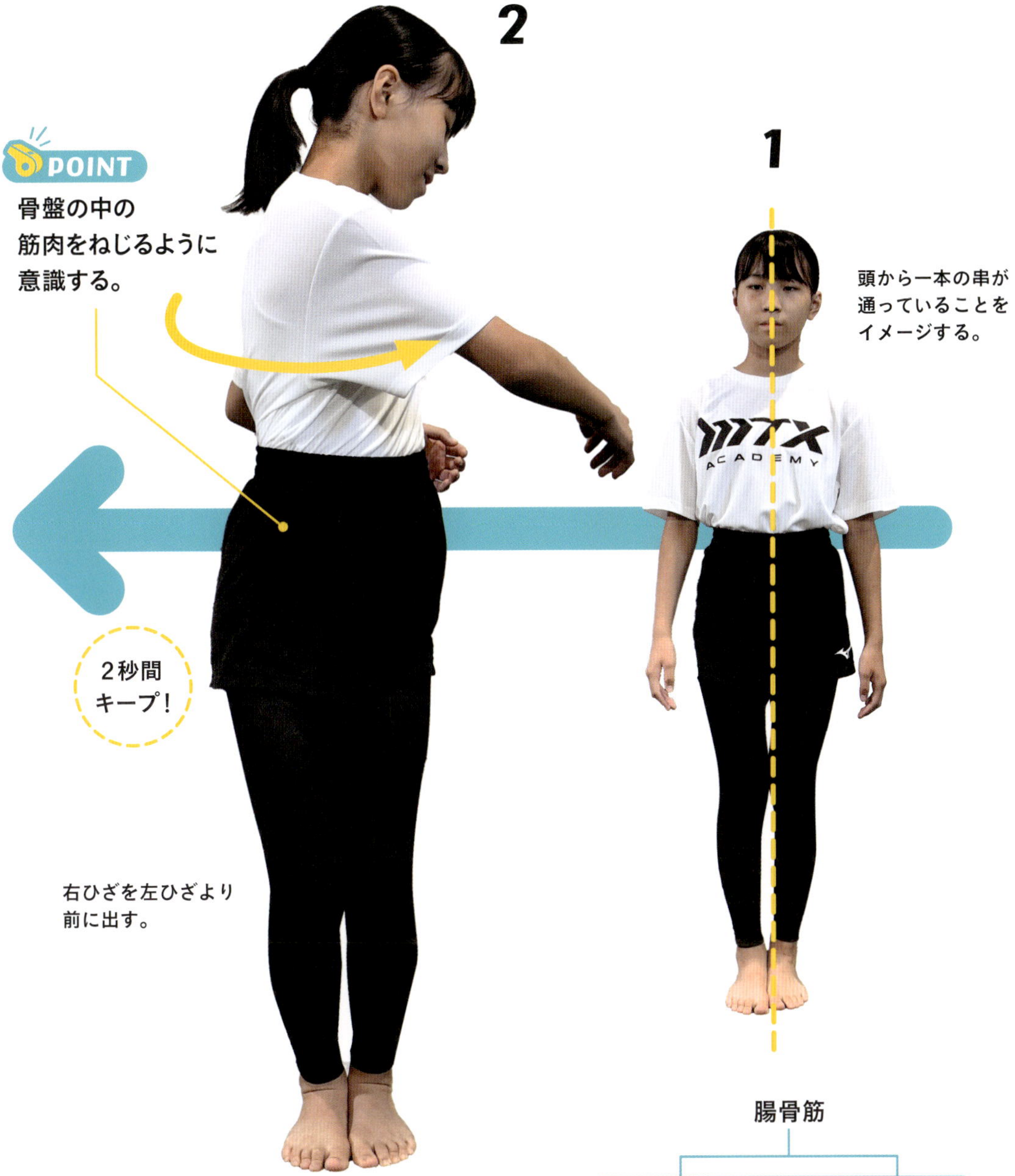
2
1
POINT
骨盤の中の
筋肉をねじるように
意識する。
頭から一本の串が
通っていることを
イメージする。
2秒間
キープ!
右ひざを左ひざより
前に出す。

腸骨筋

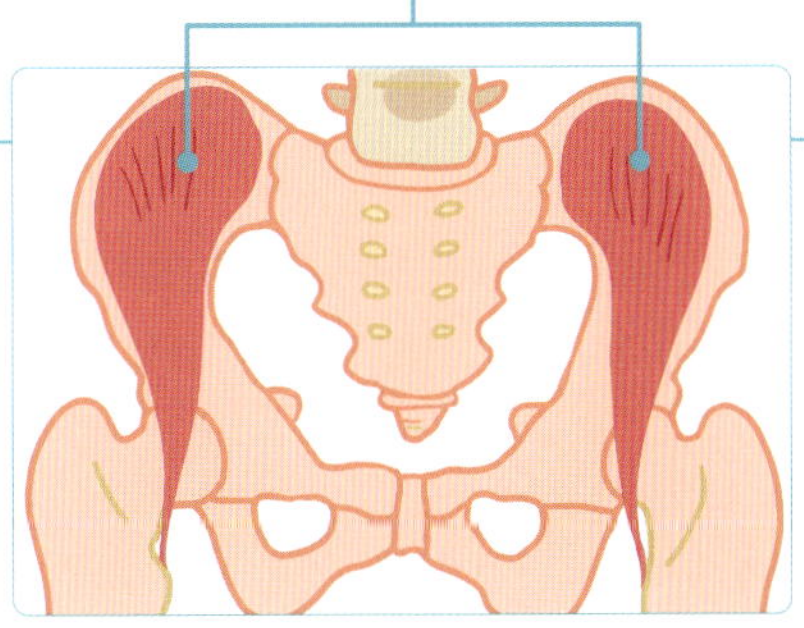

腸骨筋のねじりを使えると スポーツの動作が向上する

この体操で、ねじる筋肉が使えるようになると、身体の連動が高まり、腕や足をしなやかに動かせることができます。 ボールを投げる、打つ、ラケットを振る、ボールを蹴るなど、いろいろなスポーツの動作が向上します。

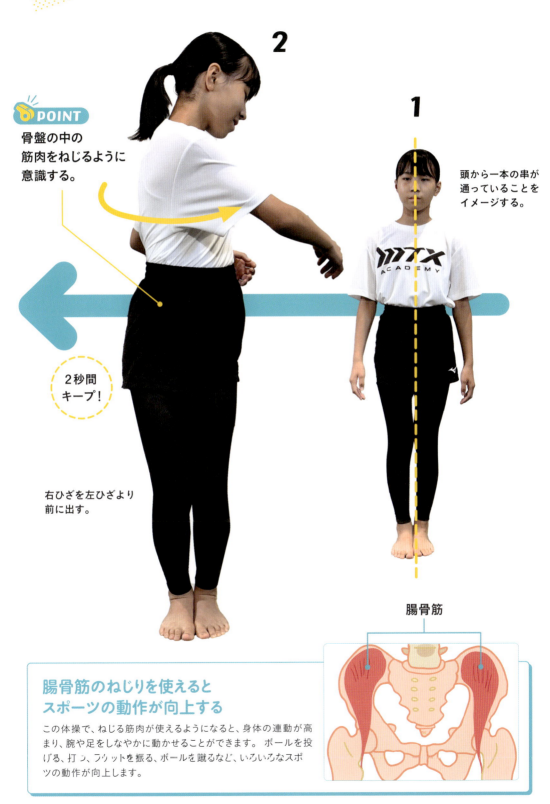

section 2

姿勢がよくなるストレッチワーク

movie

スマホ時代にはこれ！

現代は、スマートフォンをはじめ、子どもの頃から画面を見る時間が、日常生活の中で増えてきました。スマートフォンを手に持って、指で操作しつつ、画面を見るときには、頭を前に傾ける姿勢での時間が長くなります。さらに、頭を前に傾けて、画面をじっと見るので、その姿勢を固定しなければなりません。画面に集中することで、頭が前に、首も前に、肩も前にと、少しずつ、姿勢を取るための筋肉に偏りが出てきてしまいます。ここでは、姿勢を保つ、背中、首のストレッチと、背骨を整えるシンプルな方法をお伝えします。子どもだけでなく、大人にも有効です。ぜひ親子で取り組んでみてください。

首を元の位置に
戻していく
ストレッチ

ツイッター

背骨は全部で24個の椎《つい》骨でできています。机に向かって勉強するとき、スマートフォンを見るときに、首の骨でも一番大きな7番目の骨が後ろに出てきてしまうと、姿勢が悪い方向（丸まる方向）に偏り、背中の筋肉が常に張ってる状態になります。首を調整するツイッターという体操をすると、首が元の位置に戻り、姿勢がよくなります。

肩と背中 ストレッチワーク

日常生活では、腕を身体の前側で使うことがほとんどです。腕につながる肩甲骨が前で固定されると、背中の筋肉が使えなくなってきます。肩と背中のストレッチワークでは、肩甲骨につながる筋肉が前側だけに偏らないように、背中に引き寄せる動作と、前に丸める動作を行い、バランスを整えていきます。

肩甲骨のバランスを
整えるストレッチ

背骨がしなやかに
動くようにする
ストレッチ

背骨CSストレッチ

背骨は、横から見るとS字カーブの形をしています。身体が大きくなるにつれて、背骨のしなやかなつながりが少しずつ損なわれていきます。しなやかな動作を失わないために、CSストレッチでは、背骨をCの形（丸める）と、Sの形（反らし伸ばす）にする体操を繰り返し、背骨がしなやかに連動するようにしていきます。

身体の偏りを改善

1 ツイッター

姿勢がよくなるストレチワーク

首の根元の椎骨を整えることから「ツイッター」と名づけました。

このあたりには、東洋医学では「大椎」というツボがあり、首や肩の緊張を和らげる作用があります。

① start 横

① start 正面

POINT
手を重ねる

少し頭を前に傾けて、首の根元(手を当てる場所は下写真を参考)に、右手または左手を重ねて、その上に反対の手を重ねる。 手を重ねたら、一度、深呼吸をする。

手を当てる首の根元の場所

7つの骨で構成される首の骨の一番根元と胸の背骨の1番上の場所あたりに、手を当てます。 このあたりが後ろに出てしまうとよい姿勢が取れなくなってしまいます。

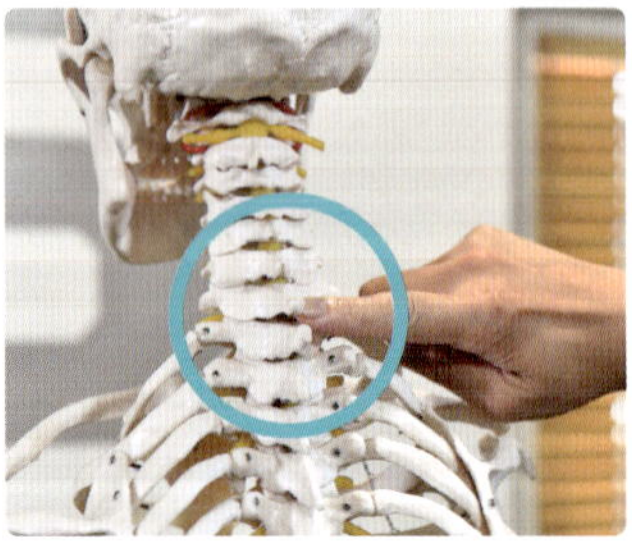

movie

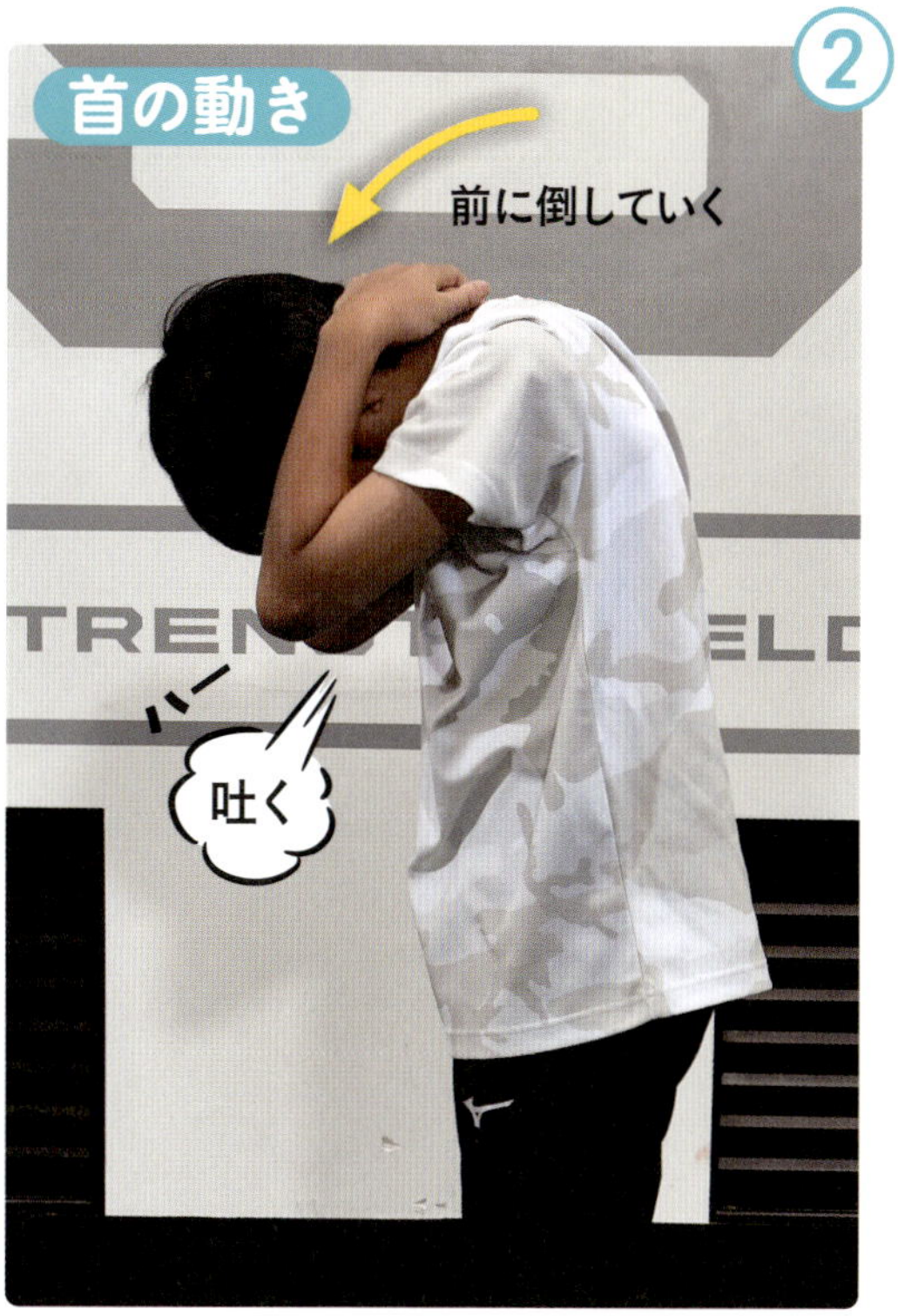

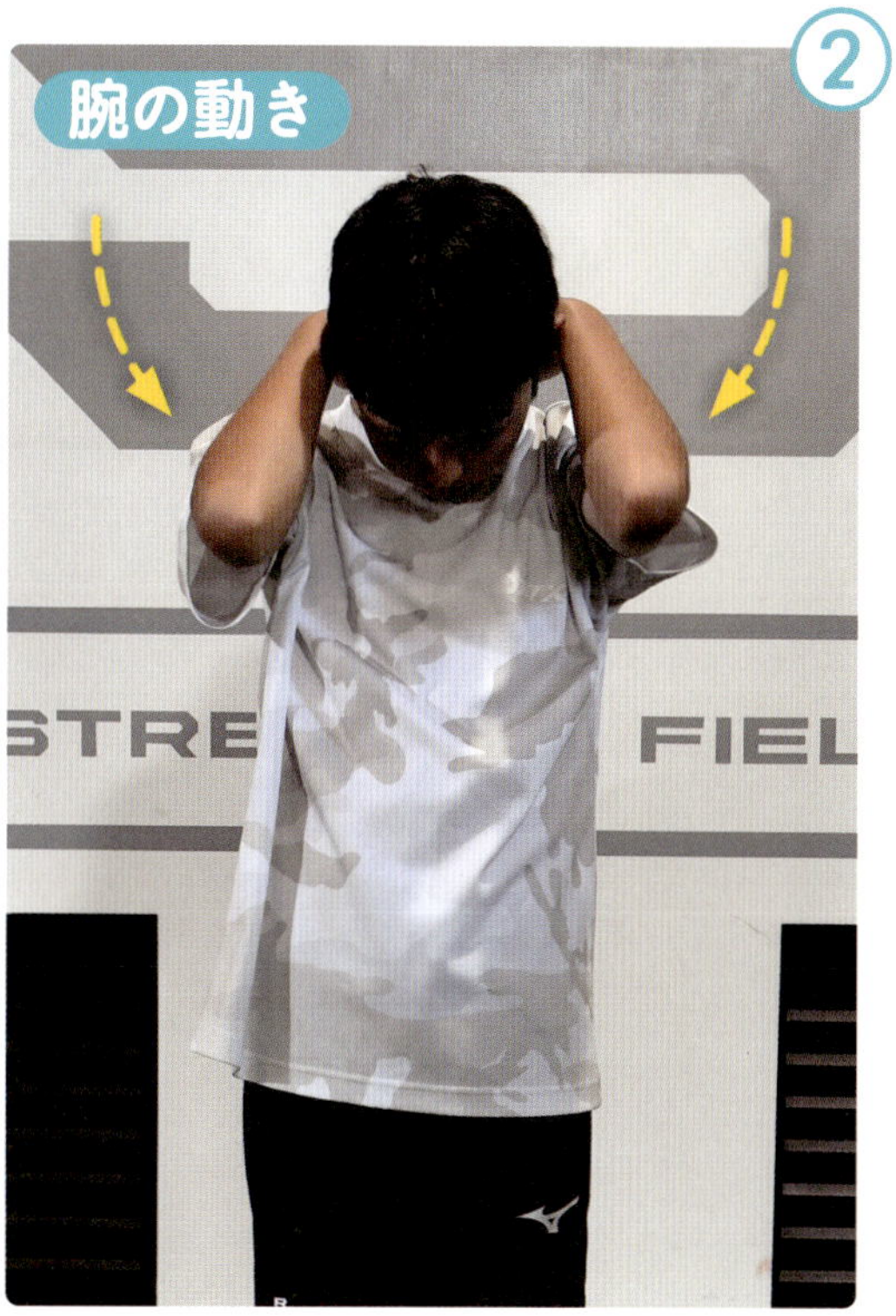

息をゆっくり吐きながら、頭を前の方向に丸めていく。 このとき、首の根元から前に倒していくようにする。 呼吸は、ゆっくり吐きながら、首の骨の動きをよく感じてゆっくり動かしていく。

深く曲げたら、今度は息を吸いながら首の根元からゆっくり起き上がる。 首の骨を根元からゆっくり起こしていく。 このとき、ひじも一緒に上に持ち上げていき、首の根元に頭と腕の重さをのせていく。

タオルバージョン

首の後ろに手を当てるのが難しい人のために、タオルを使ったストレッチ法を紹介します。

① start 横

首の根元に、折り畳んだタオルを当てる。 タオルは、少し幅があったほうが効果的。 以下の「タオルの畳み方」を参考に、タオルを用意しよう。

① start 正面

首の根元をタオルで包むように当てて、持ちやすい場所でタオルを掴む。

タオルの畳み方

①

②

③

④

⑤

1. タオルを広げる。
2. 中央の線に向けて、手前の端を折りたたむ。
3. 次に、中央の線に向けて、奥側を折りたたむ。
4. さらに、真ん中から2つ折りにして完成！

ゆっくり息を吐きながら、首の根元から頭を前に倒していく。

深く前に倒したところから、ゆっくり息を吸いながら、首の根元から頭を持ち上げていく。

首の根元から頭を倒していき、背中が丸まりすぎないように気をつける。

頭を持ち上げていくときに、首の根元からの動きをよく感じながら起こしていき、背中や腰がそりすぎないように気をつける。

首の根元へのタオルの当て方

首の骨の１番下にある７番目の頸椎と、胸の骨の一番上にある１番目の胸椎あたりに、折り畳んだタオルを当てて、準備完了です！タオルを手で持ったときに、強い力で引っ張らないように気をつけましょう。

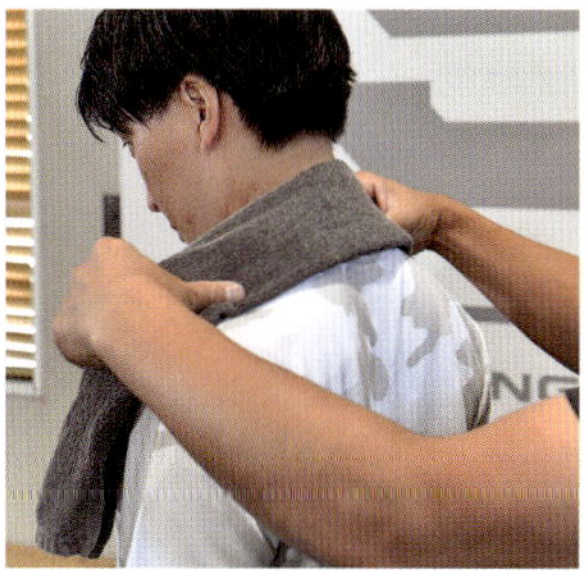

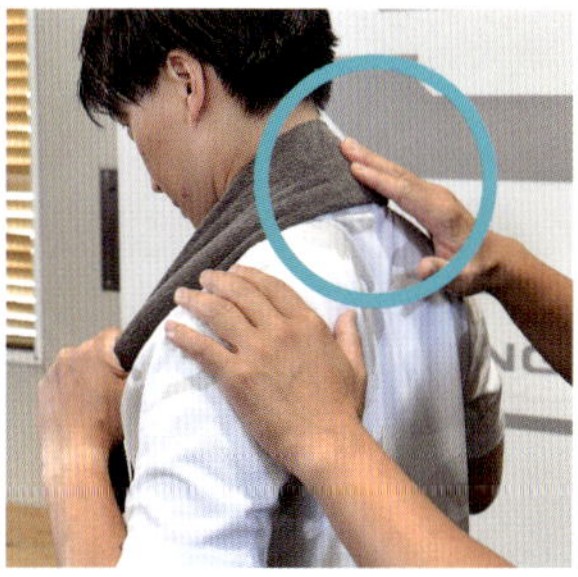

身体の偏りを改善

2 肩と背中ストレッチワーク

姿勢がよくなるストレッチワーク

首の根元を支えながら、肩甲骨と背骨を柔らかく連動させていき、動きの柔軟性を高めるストレッチワークです。

start 横

POINT
肩甲骨を意識するよ！

POINT
両足は、ピタッとそろえるとおしりに力が入るよ！

1

首の根元に手を当て、目線をまっすぐ前にして立つ。そして、腕と肩甲骨のつながりを意識して、息をゆっくり吸っていく。

POINT
起き上がるときは、目線を上にして、両ひじを広げる。

start 正面

3　2　1

1.目線をまっすぐ、息を吸って、**2**.吐きながら、背骨を丸くしていく。**3**.目線を上に、両ひじを広げていく。

movie

POINT

肩甲骨を前に
スライドさせるように

POINT

息をゆっくり
吐きながら、
お腹の力を
抜いていく。

2

息をゆっくり吐きながら、肩甲骨を前にスライドさせていき、お腹の力を抜いていく。しなやかに背骨が丸まるのを感じよう。

POINT

息を吸いながら、
胸の広がりを
感じて起き上がる。

3

息を吸いながら、目線を上のほうに移していき、胸を広げ持ち上げていく。肩甲骨は、背中のほうに寄せるようにもっていき、背骨を起こしていく。

start
後ろ

おしりに
力が集まるように

POINT

丸めて起こす動作を、
3回から4回
繰り返そう！

1. 足を閉じて、おしりに力が集まるように。 **2**. 息を吐いて、肩甲骨を前に、背骨は丸めて。 **3**. 目線を上に、肩甲骨を背中に寄せて、胸を広げていく。

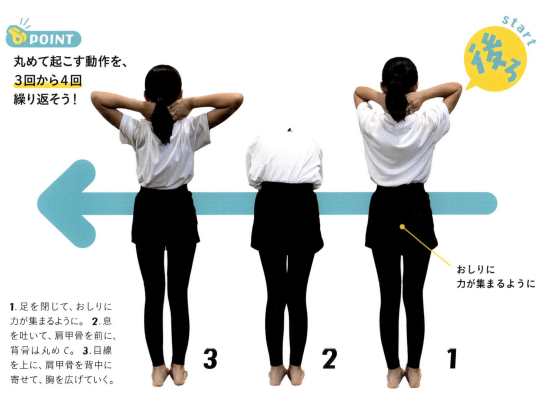

タオルバージョン

タオルを使って、首元の調整を行うためのストレッチです。

start
横

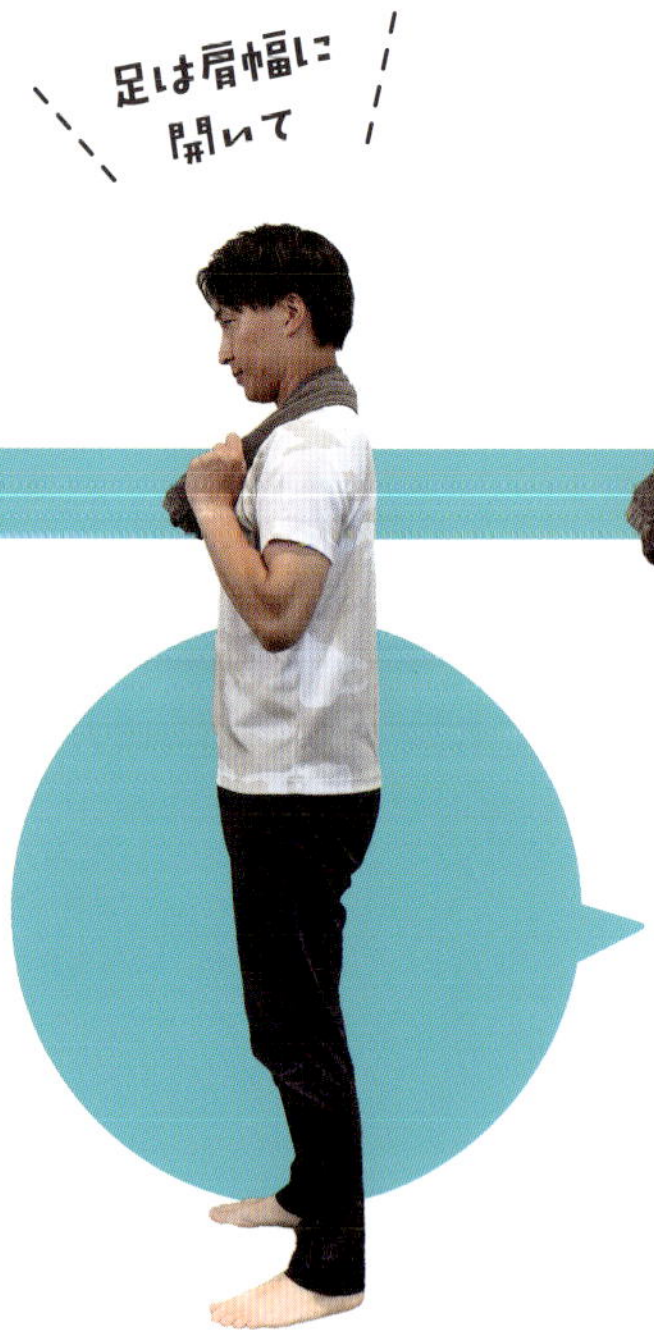

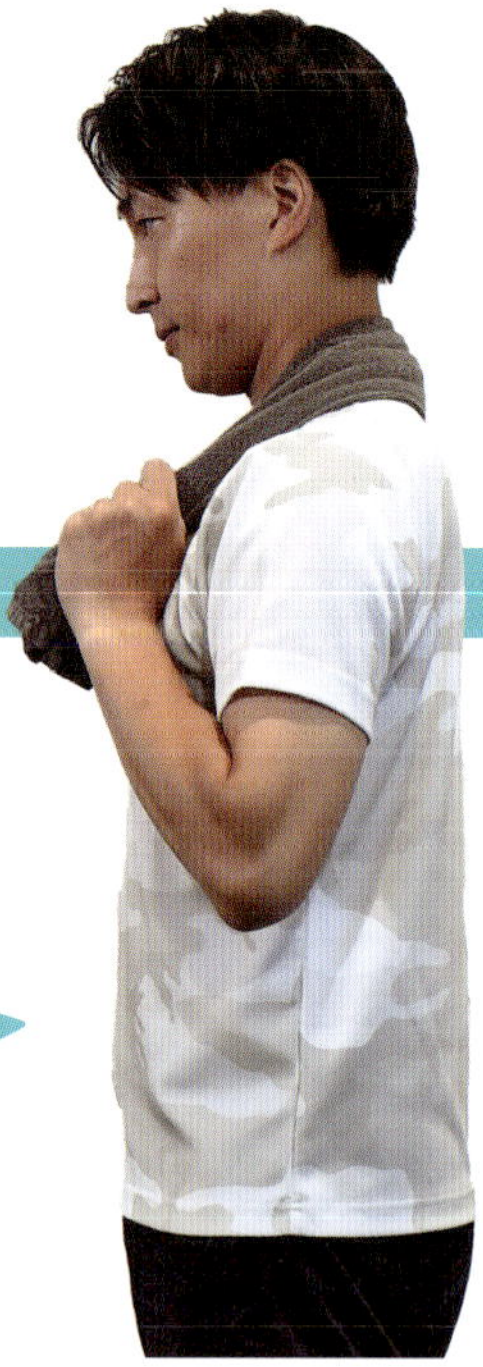

1

タオルを首元に当てる。タオルを当てる位置は、P.53の写真を参考にする。首元にタオルを当てたら、両手でタオルを持つ。

start
正面

1

タオルを首元に当てて、両手でタオルを持つ。

2

POINT

ひじを前に移動させて、肩甲骨を前に動かす。

ゆっくり息を吐きながら、背中を丸めていく。

POINT
ひじを高く上げるように、
肩甲骨を背中へ
寄せていく。

POINT
ひじを前に移動させながら、
肩甲骨を前に動かしていく。

3

息をゆっくり吸いながら、ひじを高く上げていき、肩甲骨を背中へ寄せていく。目線を上げて胸を開くように動かす。このとき、腰をそらさないように気をつける。

2

腕の重さを利用して、肩甲骨を前に動かしながら、背中をゆっくり丸めていく。息をゆっくり吐きながら行う。

NG
腰をそりすぎないように気をつける。

POINT
目線を上げて、
背すじを
伸ばすように。

3

ひじを持ち上げるように腕を動かしながら、肩甲骨を背中へ寄せていく。息をゆっくり吸いながら、胸を気持ちよく開いていこう。

パパママにひと言

腰のそらしすぎに注意

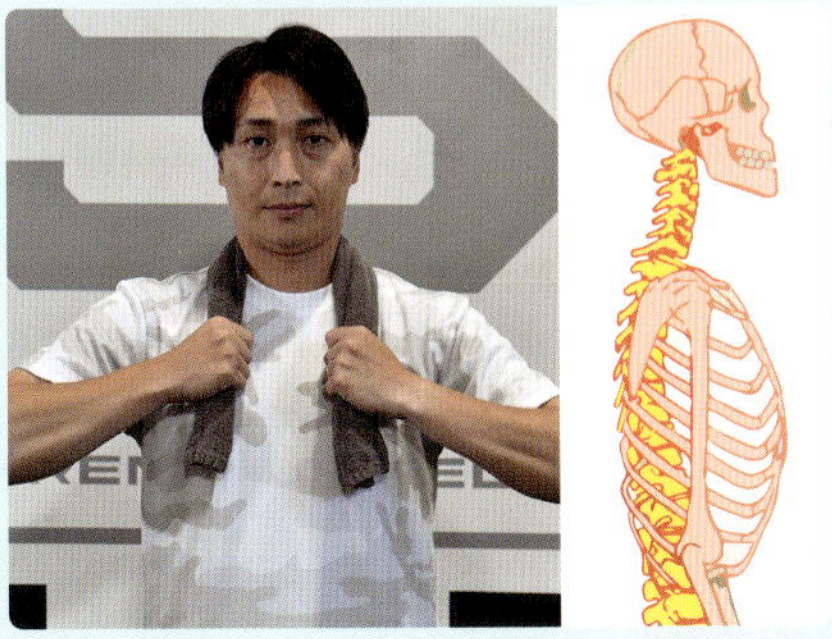

タオルで肩と背中のストレッチワークをするときに、背すじを伸ばしていきますが、腰をそらしすぎないように腰の筋肉の力を抜いていきます。そうすることで、背中の上のほうへ適切に力が集まり、背筋にスイッチが入ります。

身体の偏りを改善

3 背骨CSストレッチ

姿勢がよくなるストレッチワーク

背骨はS字カーブを描いています。背骨全体のS字と、丸めてできるC字になるストレッチを繰り返し行うことで、背骨の連動性を高め、しなやかな動きを引き出します。

movie

start 横

1

目線をまっすぐにして立つ。

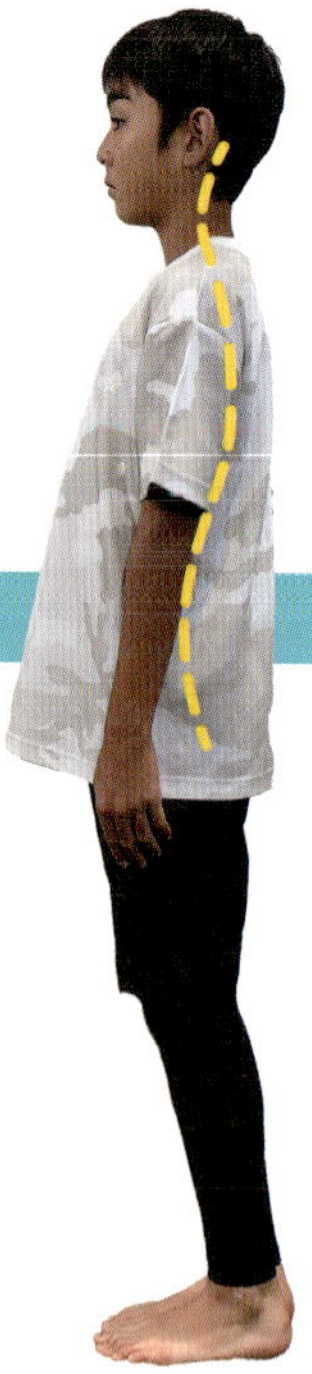

2

首の根元に両手を当てる。

start 正面

1

肩幅より少し広いぐらいのスタンスで立つ。

2

頭を下げて、首の根元に手を当てる。

3. 息を吐きながら、背骨を丸めてCの形にしていく。 **4**. 背骨がCの字になったら、今度は、おしりを下に落としてしゃがむ。 **5**. しゃがんだところから、おしりを持ち上げていく。 **6**. おしりを持ち上げきったら頭を起こして背骨をS字に伸ばす。

パパママにひと言

しなやかな背骨の動きを表現

背骨は立っているときにS字カーブ、丸めたときにC字になります。SとCを連動させてしなやかな背骨の動きを表す意味で「CSストレッチ」と名づけました。

6
5
4
3
POINT
腰をそらしすぎないように！

6
POINT
ゆっくりとした動きで、背骨の連動を感じながら行う。
5
4
3

背骨、首、頭の順で背骨を起こしていく。

しゃがんだら、おしりを持ち上げていく。

背骨が丸まったら、おしりを落としてしゃがむ。

息を吐きながら、頭、首、背骨の順で丸まる。

イスバージョン

イスに座って背骨を丸めてC字にする。
そこから身体を起こしてS字にする動きをゆっくり繰り返します。

start 横

1 両足が床につくように、浅めに座る。

2 首の根元に両手を当てる。

start 正面

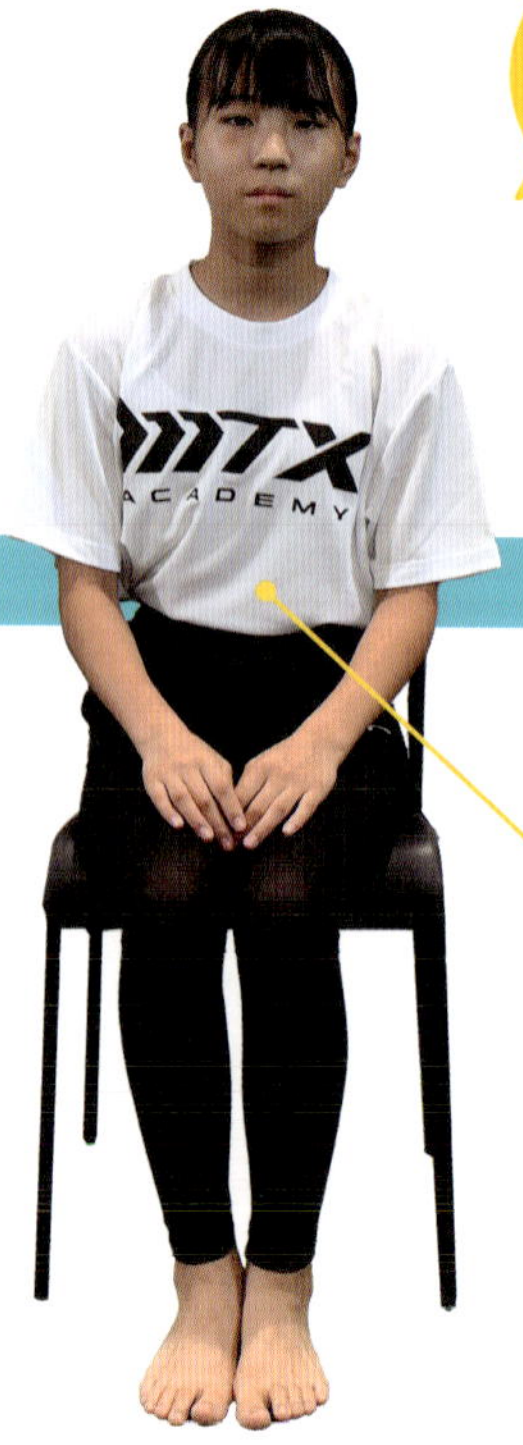

1 浅めに座って、背筋を起こす。

POINT
おへその場所を確認しよう！

2 足を肩幅より広くする。

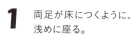

パパママにひと言

CSストレッチを3回やろう！

勉強で長時間イスに座っていると、骨盤の中の筋肉が硬くなり、背骨が動きづらい状態になります。 勉強の終わりに、イスに座ったままできる、CSストレッチを3回程やりましょう！

POINT

頭を下に落として股関節まで動かします。

3 首の根元から、背骨をゆっくり丸める。

4 そのまま頭を下のほうへ落とす。

5 腰からゆっくり背骨を起こしていく。

3 首の根元から背骨を丸めていく。

4 股関節まで動きが届くように丸めていく。

5 息を吸いながらゆっくり起き上がる。

section 3

スポーツ・運動がうまくなる

引きつけストレッチワーク

movie

スポーツ・運動前はこれ！

スポーツや運動をはじめる前のストレッチは、やり方に気をつける必要があります。「ケガをしないように、よく伸ばして！」という声かけを耳にしたこともあると思いますが、助言通りに筋肉を伸ばす意識でストレッチをすると、身体が動きづらくなってしまうという特性があります。身体を上手に動かすためには、関節が動きやすい状態をつくることが大切です。そのために、身体全体の連動を担う2つの関節、肩関節と股関節を動かしやすい状態にしていきます。関節には求心性という引きつける力があり、この働きを高めることがポイントになります。

ここでは、関節の求心力を高める引きつけストレッチワークを紹介していきます。

肩引きつけストレッチワーク

姿勢を支える全身の筋肉にスイッチを入れる肩の引きつけストレッチです。全身の筋肉は、手の指の筋肉から連なるようについています。指を動かす筋肉から、腕、肩、背中、おしり、足まで全身がつながるためのワークを紹介します。背中の筋肉を中心に姿勢を支える筋肉にスイッチが入るので、身体の動きに勢いをつけるのにも有効です。

腕引きつけストレッチワーク

肩関節の求心力を高めながら、肩と腕の筋肉を働きやすくするためのストレッチを紹介していきます。肩関節には、４つのインナーマッスルがある他に、背中や胸など大きな筋肉にもつながる、とても大切な関節です。腕の引きつけストレッチをすると、腕が回しやすくなります。走る、投げる、打つなどの動作前に行うとよいでしょう。

股関節引きつけストレッチワーク

「股関節を柔らかくしたい！」とやみくもにストレッチをしてしまうと、股関節はもちろんひざや、腰など他のところも痛めてしまう可能性があります。股関節は、関節がきちんとバランスが取れた状態になっていることが大切です。股関節の働きを高めるために、関節に働く求心力を使って、股関節周りの筋肉の働きを高めていきます。

関節を動きやすくする

1 肩引きつけストレッチワーク

引きつけストレッチワーク

自由度の高い肩関節を安定した状態にして、肩周り、腕周りのストレッチをすることで、腕の動きがよくなります。

引きつけてグーパー

腕を肩関節におさめるイメージで腕を引きつけて、グーパー運動をしていきます。

movie

1.目線を前に向けて、まっすぐ立つ。 **2**.両腕を肩のラインまで上げて、まっすぐ前に伸ばす。

POINT

目線はまっすぐ遠くを見るように！

パパママにひと言

肩関節周りの筋肉にスイッチON

肩関節に引きつける力を働かせると、関節周りについている筋肉にスイッチが入ります。この状態でグーパー運動をすると、手から腕全体の筋肉の動きがよくなります。

POINT

グーとパーを
しっかり交互に!!

3. 両腕を肩関節におさめるように引きつける。 **4**. 引きつける力を働かせたまま、グーと握る。
5. 引きつける力を働かせたまま、しっかりパーをつくる。

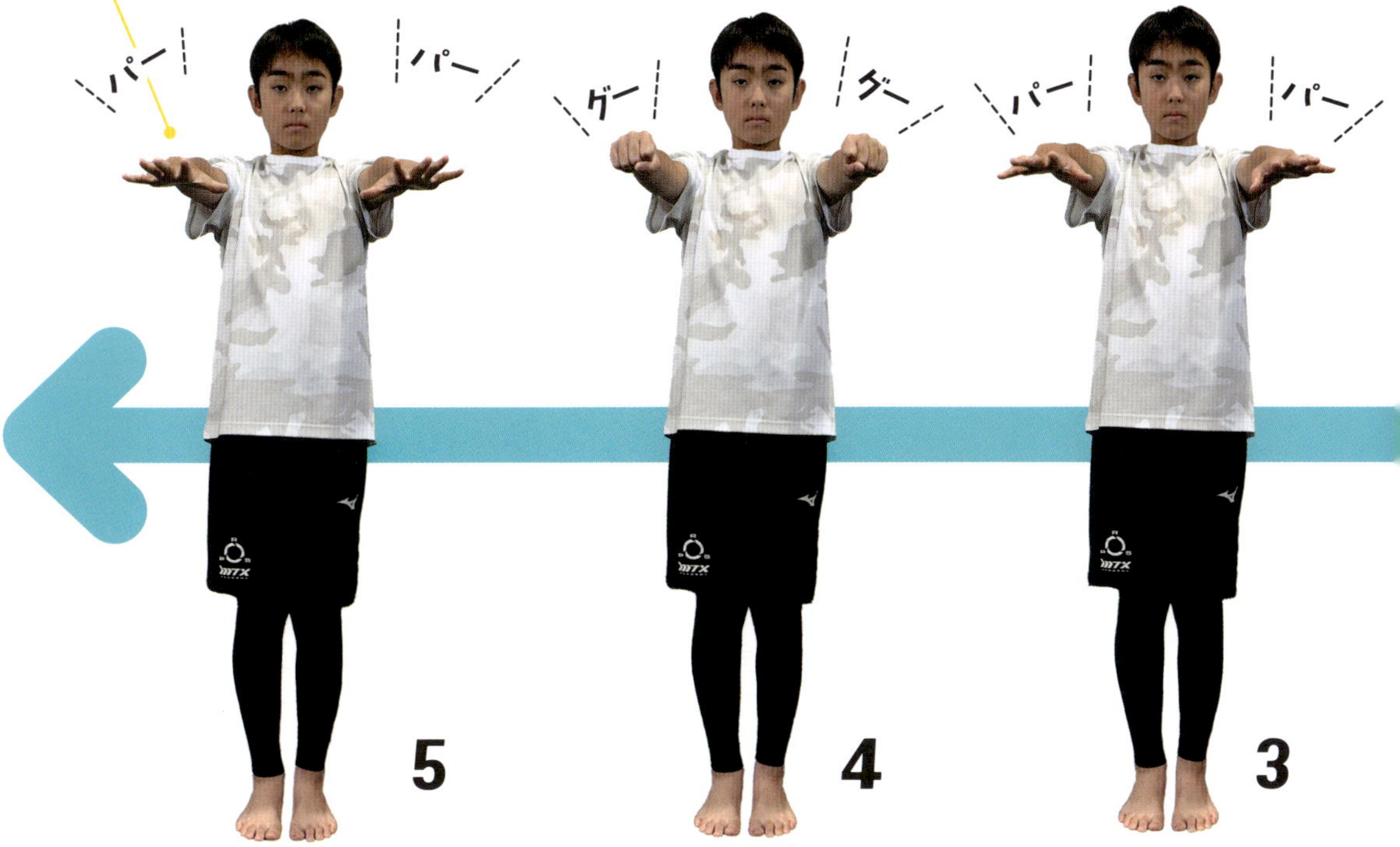

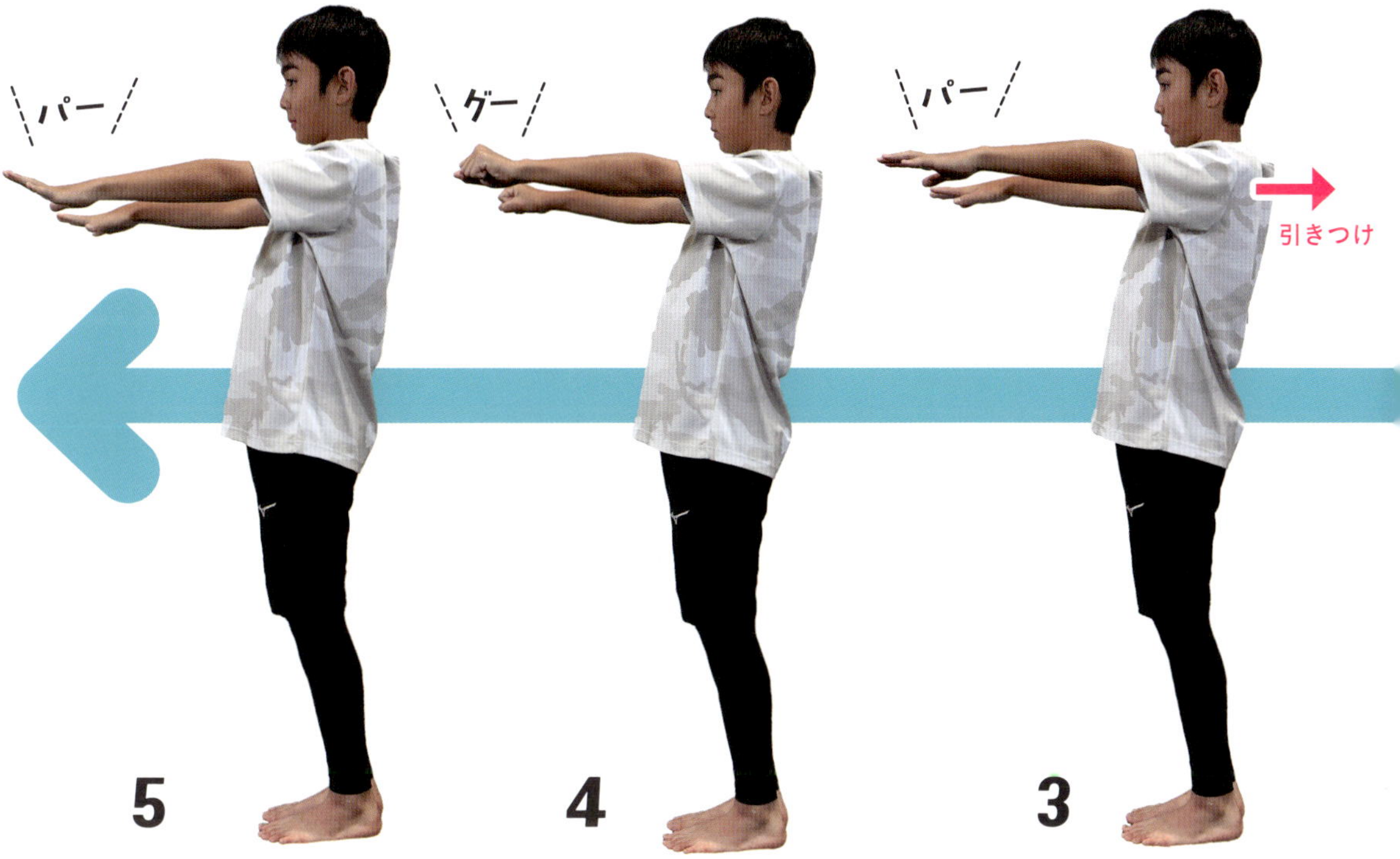

引きつけて腕のつけ根ストレッチ

肩に引きつける力を働かせながら、腕の筋肉をストレッチします。

POINT

腕のつけ根である肩関節のつくりを、イラストを参考にイメージする

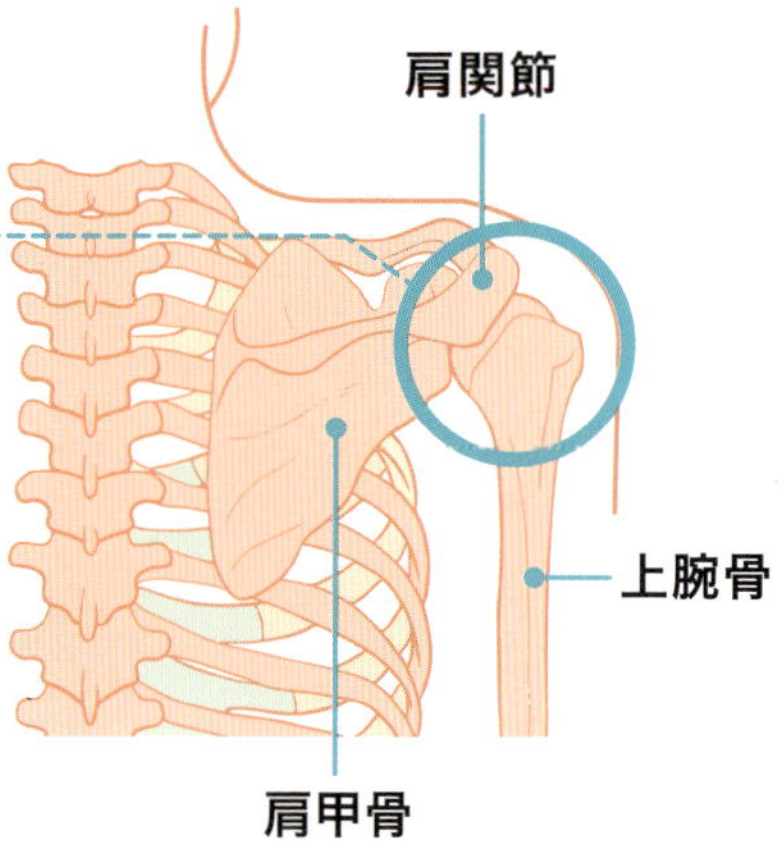

2

写真のように腕を組む。

1

肩幅より少し広めのスタンスで立つ。

パパママにひと言

背中の筋肉を使うために腕を肩関節に引きつける

走る、投げる、打つ、蹴るなど、いろいろな動作をするためには肩関節、肩甲骨の働きを高めることが重要になります。 手を使って作業をする日常生活の動作では、肩関節の前側に腕を置いて、操作することがほとんどです。 ところが、スポーツをするときは、背中の筋肉もしっかり使うことが大切になるので、腕を肩関節に引きつけるポジションにおさまっていることが大切です。 日常生活の動作から、スポーツ動作に切り替えるために、引きつけストレッチワークを活用しましょう。

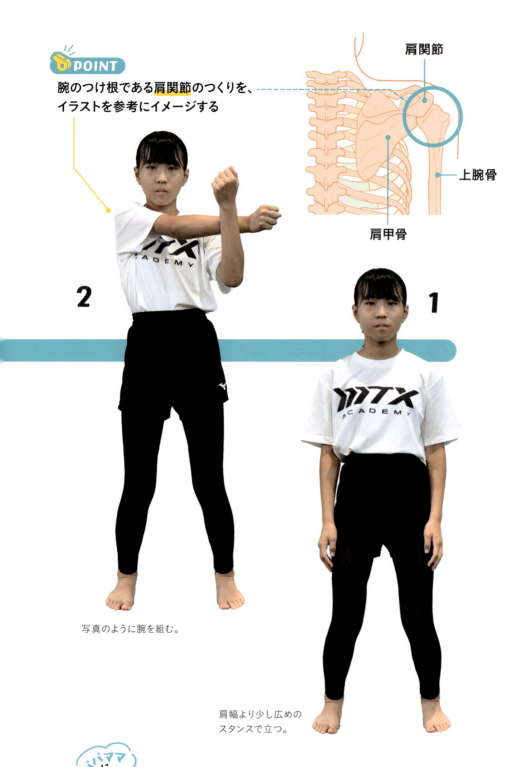

3

3〜5秒
キープ
引きつけ

組んだ腕がズレないように、肩関節に腕をおさめるように引きつける。

4

3秒〜5秒引きつけたら、元に戻す。

5

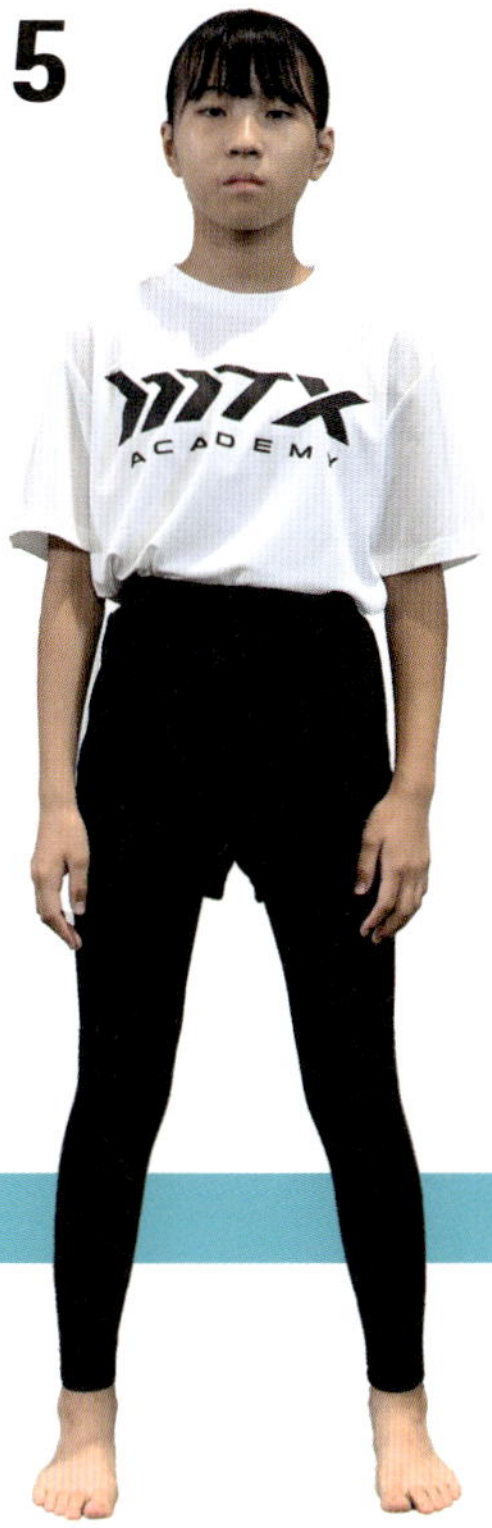

一度リラックスして腕を下におろす。

6

腕を
入れ替える

反対の腕を写真のように組む。

7

3〜5秒
キープ
引きつけ

腕がズレないように、肩関節に向けて腕を引きつける。

引きつけて肩のストレッチ

肩関節に腕を引きつけながら、肩甲骨周りのストレッチをしていきます。

start 正面

ひじを押さえる

1

写真のように腕を頭の後ろで組む。 左手で右ひじをカバーするように押さえる。

POINT

肩関節を引きつけるほうに、身体を少しずつ傾けていく。

2

腕の根元を肩関節におさめるように引きつける。 このとき、引きつける肩側の方向へ身体を少しずつ傾けていく。

パパママにひと言

肩に痛みがあるときは無理しない

腕を頭の後ろに回して、ひじを手で押さえます。 肩に痛みがある場合は行わないようにしてください。 腕の根元を肩関節に上から押さえるように引きつけていき、その方向へ身体を少し倒していきます。 身体を倒すことで、肩甲骨周辺の筋肉に刺激が入り、肩甲骨が使いやすくなります。

2

肩関節に上から押さえるように引きつける力を働かせて、身体を少し傾ける。 肩甲骨周りの筋肉に気持ちよく刺激が入ったらOK！

1

写真のように左手で右ひじをカバーするように押さえる。

関節を動きやすくする

2 腕引きつけストレッチワーク

引きつけストレッチワーク

腕を前へ、横へ、上へ、下へ、斜め前へといろいろな方向に動かし、引きつけストレッチをしていきます。肩関節はボール状の関節になっているので、いろいろな方向から刺激を入れていきます。

movie

前

腕を前に伸ばして、肩関節を後ろに引きつけるストレッチ。

1.両腕を肩の高さにそろえて前に出す。 **2**.肩関節に腕をおさめるように引きつけていく。 **3**.**4**.グーとパーをしっかり指先まで意識して繰り返す。

横

**腕を横に伸ばしたまま、
肩関節を引きつけるストレッチ。**

1
腕を横に伸ばして、
肩関節に引きつけていく。

2
引きつけたら
グーパーを繰り返す。

上と下

**腕を上下させて、肩関節を引きつける
ストレッチ。**

1.**2**. 腕を高く上げて、肩関節に引きつけてグーパーを繰り返す。 **3**.**4**. 腕を下げて、肩関節に引きつけてグーパーを繰り返す。

斜め前（ガッツポーズの位置）

腕を斜め前に伸ばしたまま、肩関節を引きつけるストレッチ。

1

腕を斜め上の方向に伸ばし、ガッツポーズの位置にセット。

2

斜め上から、肩関節に腕をしっかりと引きつけていく。

3

引きつけた状態をキープしたまま、グーパーを繰り返す。

4

7回～10回繰り返したら、腕を下におろしてリラックスする。

7～10回繰り返す

回し

腕を引きつける力をキープしたまま
回していきます。

1 左手を上、右手を下にセットして、肩関節に腕を引きつける。

2 引きつける力をキープしたまま、ゆっくり回す。

3 前に5回程度回したら、後ろに5回程度回す。

前後で各5回行う

引きつけ肩回し

肩関節に引きつける力を働かせながら、肩甲骨を360度回すイメージで、クルクル回していきます。

1

写真のように、股関節から前屈みになる。背骨はゆるやかにカーブを描くように少し丸める。

2

ひじと手首でリードしながら、肩甲骨を内に向けて回していく。回しながら、肩関節には常に引きつける力をかける。

5

一度上がってきた手首・ひじをまた内側に向けて、回していきながら、スムーズな動作をつくっていく。

パパママにひと言

プロ野球選手も実践! 360度回す

肩甲骨を360度回す動作をすることで、腕を扱う動作が格段にやりやすくなります。プロ野球選手もボールを投げる前などに、この体操を取り入れています。

3

左腕を回したら、今度は右腕の手首・ひじのリードで、肩甲骨を内側に向かって回していく。

4

右

左腕を内側に回しきったら、今度は外側に向けて回して、右腕は内側に向けて回し返ってくる。

左

6

右

7

7秒間行う

動作に慣れてきたら、右・左・右・左とリズミカルにグルグル肩甲骨を回していき、速度も高めていく。7秒間を目安に回し続ける。肩関節には常に引きつける力をかけること。

関節を動きやすくする 3

引きつけストレッチワーク

股関節引きつけストレッチワーク

股関節は、球関節といって動きの自由度が高い関節です。引きつける力を活用することで、股関節の求心力が高まり、動きやすい状態にしていきます。

movie

仰向け

ひざを軽く曲げて、仰向けに寝て行います。

1

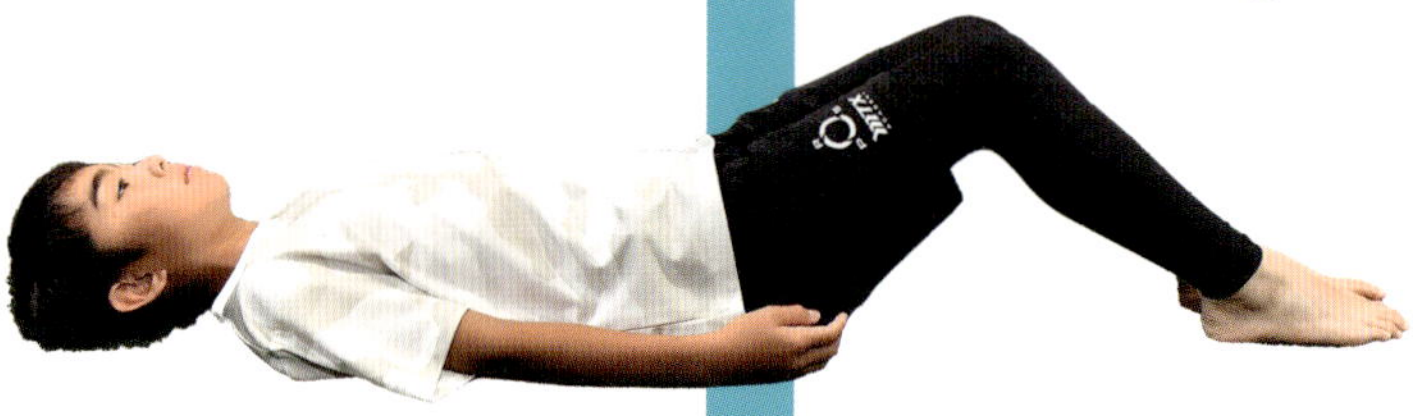

ひざを軽く曲げて、足を床につき、仰向けに寝る。

2

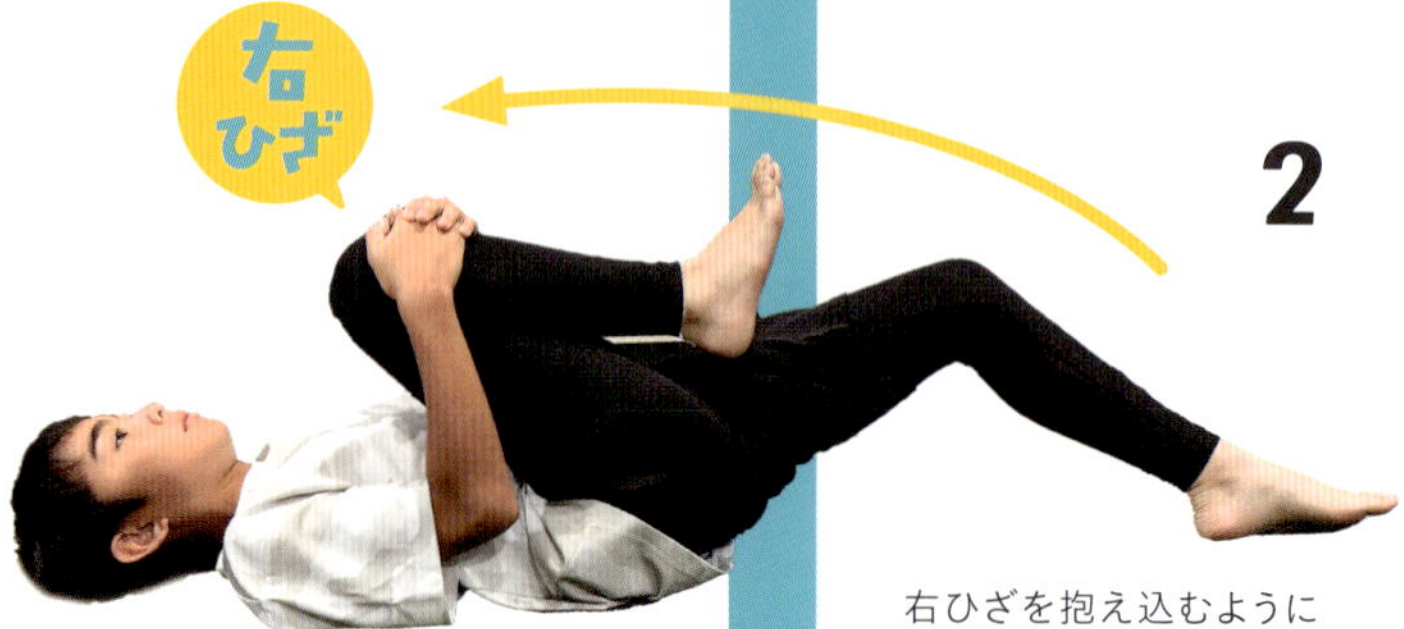

右ひざを抱え込むように引きつけて、ひざがズレないように、両腕で持つ。

3

両方の股関節に引きつける力を働かせながら、左足をゆっくり伸ばしていく。

パパママにひと言

股関節の動きを取り戻す

日常生活では、イスに座る時間が圧倒的に長いために、股関節が固定されています。動きを取り戻すのに、股関節の引きつけストレッチはとても有効です。

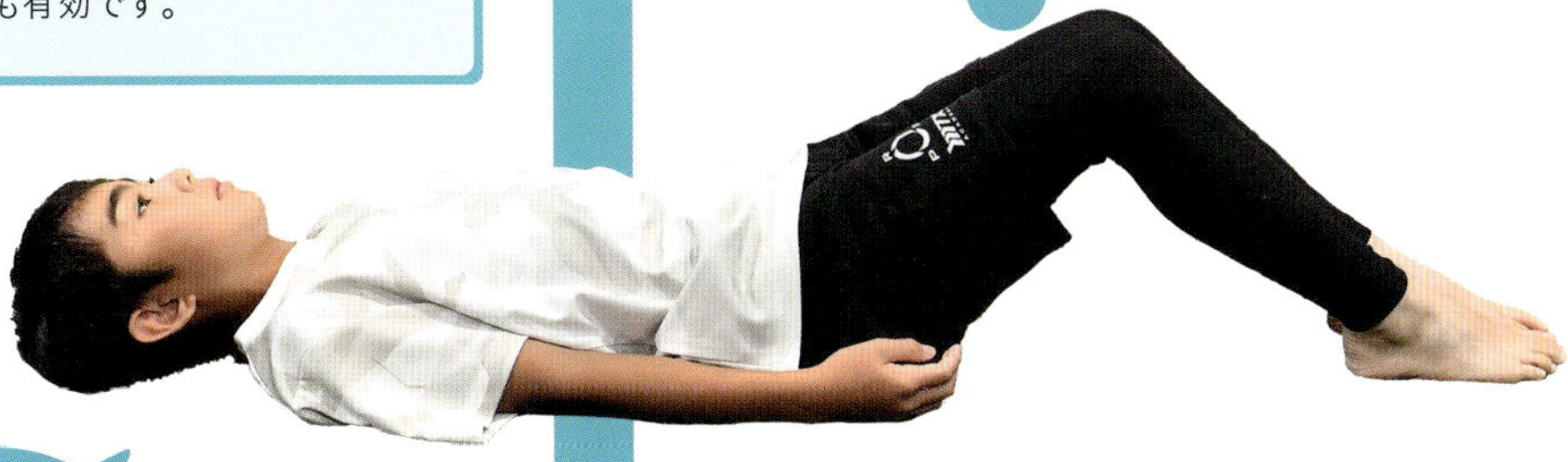

4 元の状態に戻って、一度リラックス。

5 今度は反対に、右ひざを軽く曲げたまま、左ひざを両腕で抱え込む。

6 抱え込んだひざがズレないように、両方の股関節に引きつける力を働かせながら、右足をゆっくり伸ばしていく。

開脚ひざ曲げ伸ばし

開脚で股関節がバランスが取れた状態になるように、ひざを自然に曲げておく。

1

足を広げて、ひざを自然に曲げた状態をつくり、両手を前に置く。

POINT

ひざは自然な角度で曲げておく。

POINT

前に背骨を倒すときも、ひざを曲げたままで！

2

両方の股関節に引きつける力を働かせて、股関節から前のほうにゆっくり背骨を前に倒していく。

パパママにひと言

股関節を痛めないように慎重に

開脚は、いきなり強度を上げると股関節を痛めてしまうので、慎重に行います。 開脚したときにひざを少し曲げるのは、股関節をバランスの取れた状態に収めるためです。これで、股関節に負担をかけずにストレッチを行えます。

POINT
ひざの関節がカチッとハマったら3秒キープ！

3秒キープ

3

股関節に引きつける力を働かせたまま、ゆっくりひざを伸ばしていく。 いきなり伸ばし切らずに、少しずつ伸ばしていくこと。

4

伸ばした状態でキープしたら、ひざ周りの筋肉をゆるめ、ひざを曲げた状態に戻して、上体も元に戻していく。

COLUMN 2

子どもの発達に大切な栄養素

子どもの身体が大きく成長する時期にはタイムリミットがあり、その時期に栄養バランスの取れた食事を心がけることが重要です。

ビタミン類、ミネラル、亜鉛の摂取が大切

成長期には、まず三大栄養素である炭水化物（糖質）、タンパク質、脂質をしっかり摂取することが大原則ですが、栄養摂取目安量未達率のデータによると、微量栄養素であるビタミン類やミネラル（カルシウムやマグネシウム）、亜鉛の未達率が非常に高い状況になっています。特にカルシウムは推奨摂取量に対する未達率が他の栄養素と比較しても大きく、この傾向は大人になっても改善されにくい状況になっています。カルシウムは、骨や歯の形成に必要な栄養素ですが、ホルモンや神経伝達物質の分泌、筋肉の収縮、細胞分裂など、細胞同士のネットワークに情報を伝える重要な役割も担っています。不足していると運動中の思わぬケガにもつながります。カルシウムの摂取には、吸収を促すビタミンD、カルシウムを骨に定着させるためのビタミンK2も必要です。下の表を見ると、ビタミンDやビタミンK2も推奨量に対する未達率が高い栄養素です。結果、現代の子どもの10人に4人がロコモティブシンドローム（運動機能が低下した状態）の可能性があるとも言われています。ビタミンDは日光を浴びることで体内でつくられます。コロナ禍に自粛生活を強いられていたため、そうした歪みが顕在化しているのかもしれません。ビタミンDが不足していると運動中に足がつりやすくなり、パフォーマンスにも影響します。さらに、成長ホルモンの働きをサポートする亜鉛やビタミンB12などもしっかりと摂りたいところです。もちろん栄養素のみならず、成長ホルモンは睡眠や運動によっても分泌されるので、しっかり身体を動かし、その疲れで夜もしっかり眠ることが理想的です。（後半P110に続く）

＜ 年齢別の栄養摂取目安量の未達率 ＞

性別		男性						女性					
年齢区分		6-7	8-9	10-11	12-14	15-17	18-29	6-7	8-9	10-11	12-14	15-17	18-29
タンパク質	推奨摂取量	30	40	45	60	65	65	30	40	50	55	55	50
	未達率	14.0%	5.0%	8.0%	24.6%	22.1%	22.1%	18.1%	5.0%	14.4%	22.1%	22.2%	16.0%
カルシウム	推奨摂取量	600	650	700	1000	800	800	550	750	750	800	650	650
	未達率	77.2%	45.7%	54.1%	91.4%	86.0%	86.0%	78.2%	78.5%	78.5%	85.1%	82.5%	82.5%
ビタミンK2	推奨摂取量	80	90	110	140	160	150	90	110	140	170	150	150
	未達率	31.1%	20.2%	25.0%	33.0%	33.5%	31.5%	35.9%	25.3%	32.5%	40.5%	33.6%	33.6%
ビタミンD	推奨摂取量	4.5	5.0	6.5	8.0	9.0	8.5	5.0	6.0	8.0	9.5	8.5	8.5
	未達率	53.2%	46.1%	56.0%	65.6%	66.9%	64.3%	66.8%	51.2%	62.9%	71.0%	69.5%	69.5%
ビタミンB12	推奨摂取量	1.3	1.6	1.9	2.4	2.4	2.4	1.3	1.6	1.9	2.4	2.4	2.4
	未達率	36.1%	27.8%	29.2%	31.6%	26.1%	26.1%	31.5%	30.0%	31.3%	33.6%	30.9%	30.9%
亜鉛	推奨摂取量	5.0	6.0	7.0	10.0	12.0	11.0	4.0	5.0	6.0	8.0	8.0	8.0
	未達率	34.9%	13.6%	22.2%	59.3%	55.9%	46.2%	24.1%	8.5%	16.9%	45.1%	41.6%	41.6%

chap 3

こんなときどうする？
親子でできる
リカバリー
ストレッチ

勉強やスポーツで疲れた脳や
身体を回復へ促すためのリカバリーストレッチです。
親子で朝や夜に行うことで、脳と身体をリフレッシュすることができます。

movie

カラダが重いと感じたら…

1 リフレッシュストレッチ

親子でできるリカバリーストレッチ

抹消神経である「手」や「足指」から動かして、背中の筋肉に働きかけるワークです。勉強、ゲーム、スマホを長時間した後に、身体をリフレッシュしましょう!

手指ワーク

手には、27個の骨があります。手は脳とのつながりが大きい箇所なので、手をしっかり動かすと脳がリフレッシュします。

1

POINT

親指と、薬指の距離を離すように意識すると手がよく開く。

まず右手を前に出して、パーの形になるように大きく開く。

①

パーにした手とは反対側の手で、指をつかむ。 指をつかむときは、できるだけ根元のほうからつかむ。 根元からつかんだら、やさしく引っ張るように伸ばす。

movie

2
左手でやさしく
包むように
つかむ。
3
引っ張るように
伸ばしながら、
クルクル回す。

左手で、右手の親指を包み込むようにつかむ。

つかんだ指を、やさしく引っぱるように伸ばしながら、クルクルと回していく。 **2**、**3**を親指から順番に小指まで行う。

パパママにひと言

指先までの血行をよくする

勉強するとき、スマホを操作するとき、タイピングをするとき、手を長時間固定しながら使うことが多くなります。 手には細かい毛細血管が指先まで張り巡らされています。指先までの血行をよくするだけでも、リフレッシュ効果があるので、ぜひ手指ワークを細かく行い、活用してください。

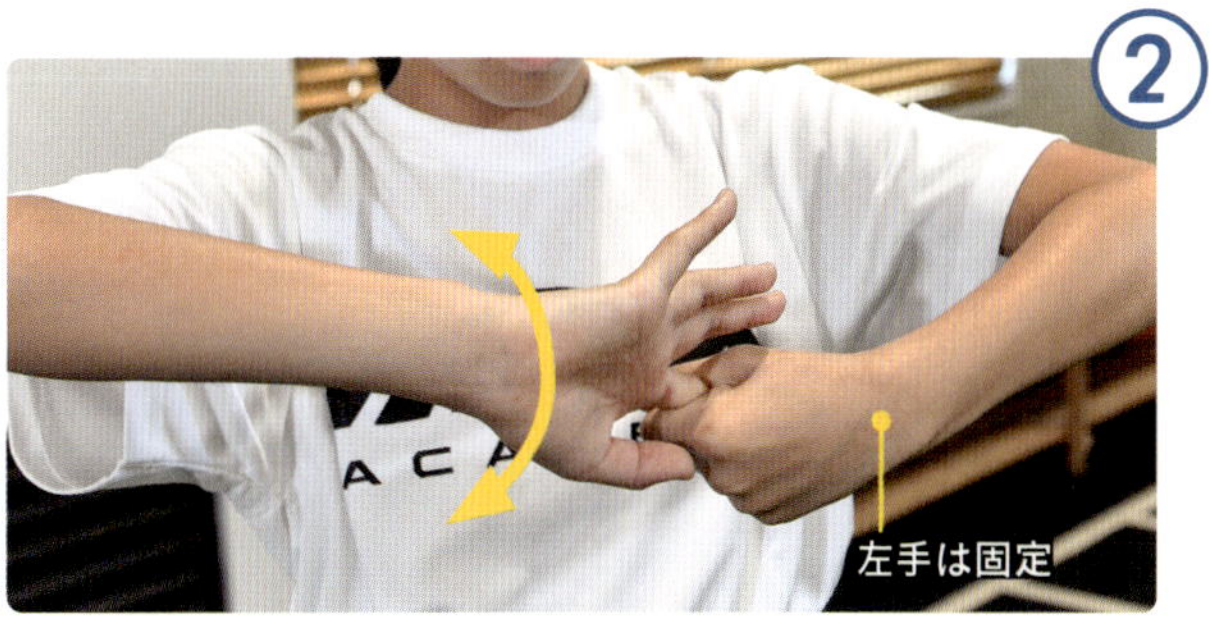
②
左手は固定

左手で右手の指を根元からつかんで、やさしく引っ張るように伸ばしたら、左手を固定して、右手のほうをクルクル回すのがポイント。

足指ワーク

足には片足で28個の骨があります。その中でも指の根元にある基節骨を中心に動かして、足をリフレッシュしていきます。

1

左足を前に出して、ひざを曲げる。右足はたたむようにして座る。

ひざを曲げて座る。
つま先を立てて、床にかかとをつける。

2

左手の指で、左足の指の根元（基節骨）をつかむようにして持つ。

足の指を根元からしっかりつかむ。

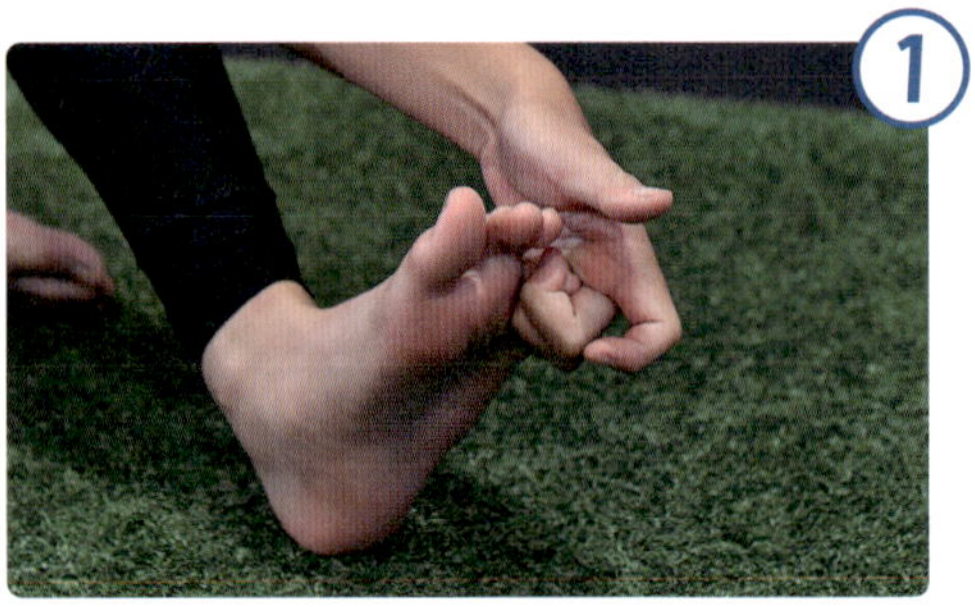
①

足の骨は2階建の構造になっていて、1階が薬指と小指になる。 薬指と小指をセットに動かしていく。

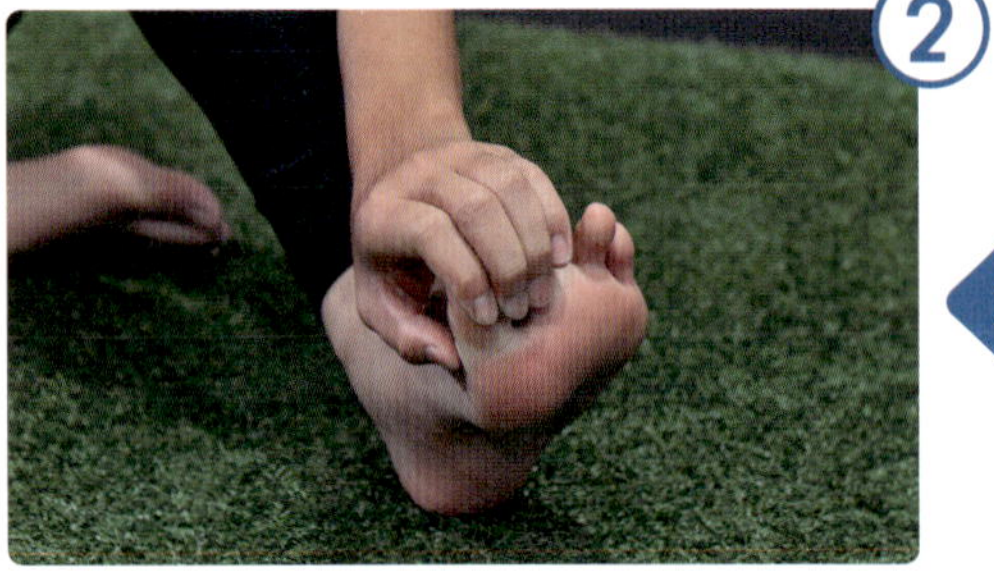
②

次に、2階の親指、人差し指、中指をセットで動かしていく。 運動の際もより足の指が使え、運動能力を高めることにつながる。

3

まずは、手で足の指を根元からほぐすようによく動かしていく。

4

指がほぐれてきたら、自分で足の指をつかむ動きをしながら、さらに指の動きをよくしていく。 終わったら、もう一方の足も行う。

終わったら
反対の足も行う!

パパママにひと言

姿勢よく立つ、歩く、走る上でとても重要な役割

手の指に続いて、足の指も脳神経とのつながりが大きいところです。 さらに、足の指の根元にある基節骨は、姿勢よく立つ、歩く、走る上でとても重要な役割を担っている場所です。 基節骨を中心に、足の指をよく動かすことで、運動能力を高めることにつながります。

パーストレッチ

パーストレッチは、姿勢よく立つときに働く伸筋にスイッチを入れ、身体を丸める屈筋をストレッチしていくワークです。

start 正面

1

2

肩幅より
少し広めの
スタンスで立つ。

手をパーの
形にして、ひじを
まっすぐ伸ばす。

1. 目線を高く、肩幅より少し広めのスタンスで立つ。 **2**. 手をしっかりとパーにして開き、ひじをまっすぐ伸ばして、肩を下げる。

start 後ろ

手をパーにして、ひじをまっすぐ伸ばし、手から腕を前後に動かす。前後に動かしていくときは、肩甲骨も大きく前後に動くように意識して行う。

3.ひじを斜め前方向にまっすぐ伸ばしていく。そうすることで、肩関節が安定した位置に入る。 4.手をパーに、ひじをまっすぐ横にした状態をキープして、腕を大きく前後に動かしていく。 5.腕を大きく前後に動かすときに、肩甲骨を開いたり、閉じたりしながら、背中の筋肉をよく動かす。

パパママにひと言

パーストレッチでよい姿勢づくりを!

学校の授業、家庭での勉強など、日常生活で、座っている時間は長時間に渡ります。 パーストレッチは、立つときに働いていたい伸筋群にスイッチを入れるとても効果的な体操です。 親子で、パーストレッチをよい姿勢づくりに活用してみてください!

あくびストレッチ

あくびをすることで、首周りと、首から頭をつなぐ筋肉のリフレッシュになります。

1

肩の力を抜いて、自然な状態で立つ。両腕は、腰に置いても自然に脇に置いても大丈夫。足は肩幅より少し狭めで立つ。

POINT
肩の力を抜いて、楽に立つ！

POINT
足は肩幅より少し狭めにする。

パパママにひと言

脳と身体をリラックスさせ、目の疲れも取る

「あくび」は、人間だけではなく、動物にも備わっている行為です。あくび動作をすることで、頭の中につながっている外側翼突筋と内側翼突筋をストレッチすることになります。あごにつながる筋肉を動かしてあげることで、脳と身体をリラックスさせ、目の疲れも取れてきます。意図的に「あくび」のストレッチを活用することで、脳をリフレッシュすることができます。

口を開けるときは、目線をちょっと上げよう!

口を開けるときは、頭の重さを首にのせるように、おでこを少し上に向ける。写真のように目線を上にすると、あくびストレッチがしやすくなる。

POINT

あごの関節の動きがよくなるように、徐々に口を開いていく。

2

はじめは、無理なく口を広げていく。口の奥のほうを広げていくことが、あくびストレッチのポイント。

CHECK!

あごの関節の動きを感じてみよう!

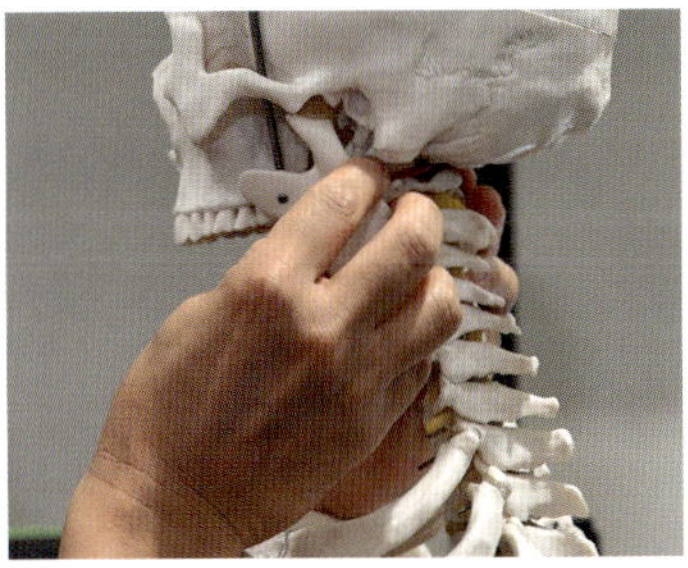

あくびのように口を大きく開くとき、まずは下あごの関節が回転し、その後、前方へ滑るように動いていきます。10代の子どもたちは、歯の噛み合わせが不安定なため、あごの関節も不安定な時期です。あごの関節に不安を感じるときは、あくびストレッチをゆっくりとやってみてください。長時間勉強した後や、パソコンやスマホ画面を見た後、緊張する場面でリラックスしたいときなど、3回程度、あくびストレッチをすることでリフレッシュできます。

スポーツ後の疲れ…

2 親子でできるリカバリーストレッチ リカバリーワーク

スポーツや、長時間の勉強で疲れたときに、身体を回復に向けてリラックスを促すリカバリーワークです。

さすりワーク手

手をさすります。さすり動作で、血流もよくなり脳と身体がリラックスします。

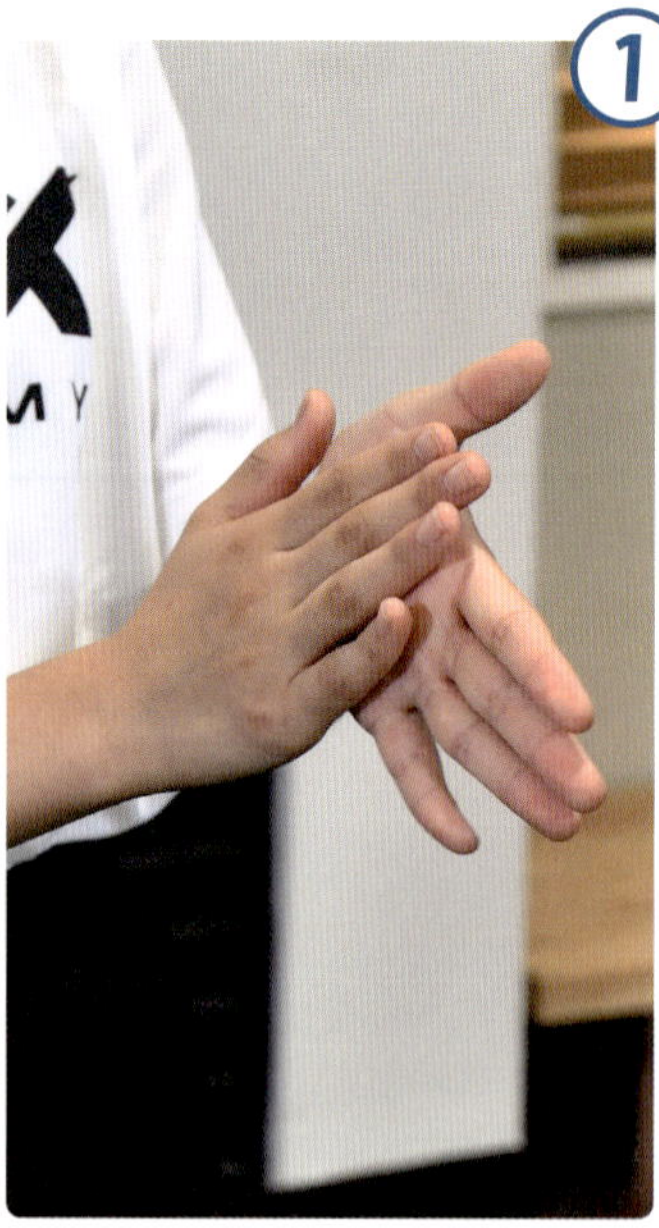

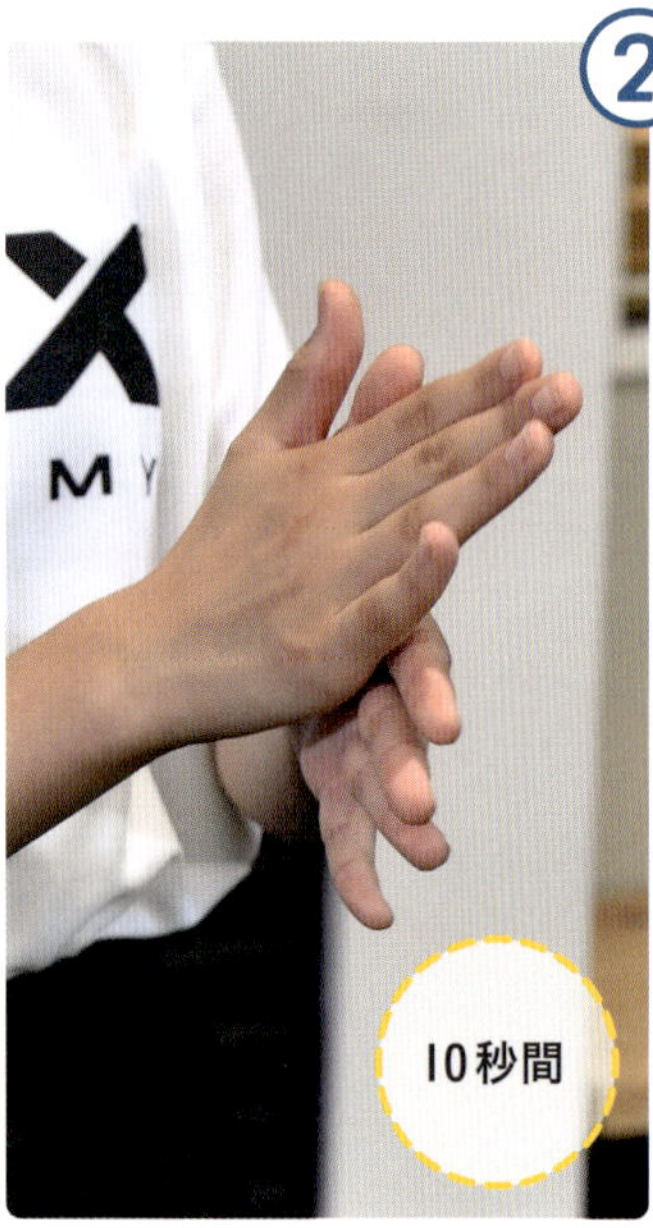

少し斜めにずらして、両手を合わせる。 まずは、手のひら同士を合わせて、右手と左手でお互いにさすり合う。 上手に力を抜いていきながら、手のひら、指の腹、指の先まですすっていく。 手がじんわりと温まるのを感じながら、10秒間ほどやさしくさすり合う。

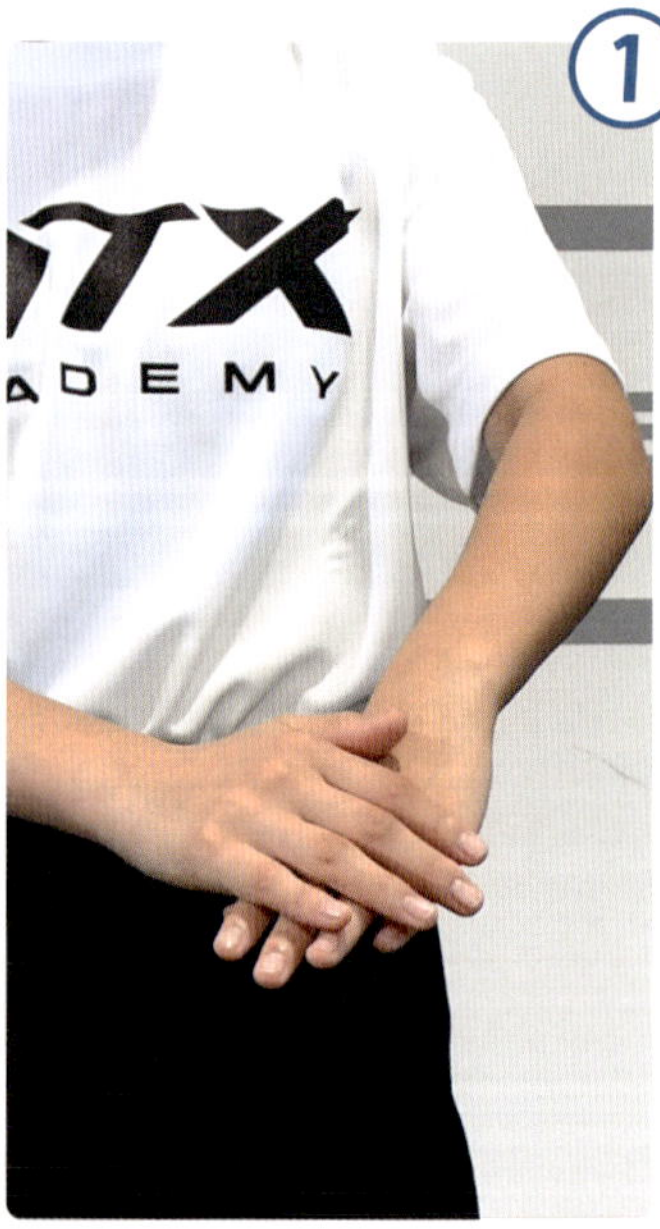

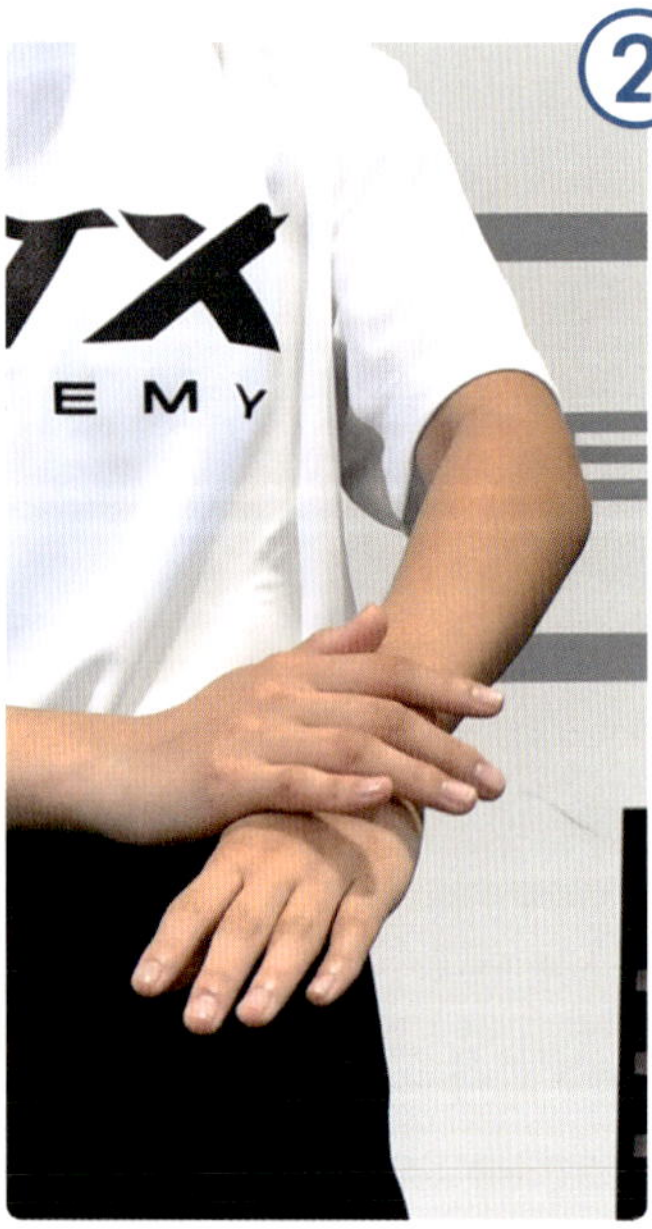

次に、右の手の甲に、左の手のひらをのせるように重ねる。 左の手のひらで、右の手の甲をさする。 まずは、手を上下に動かすように、縦方向へさする。 手の表面をやさしくさする動作からはじめていき、表面が温まってきたら、手の皮膚と骨がズレ合うようにすこし圧を加えて、さすりほぐしていく。 最後にねじりながらさする。 左手も同じように行う。 動画のように、ねじりを入れてもよい。

movie

さすりワークひじ

ひじの関節は、3つの関節から構成されている複合関節です。いろいろな方向からさすりほぐしていくことがコツになります。

①

左ひじの表側に、右の手のひらを重ねる。まずは、手のひらで表面の皮膚、筋肉をさする。 次に、手の指の腹を使ってさする。そうすることで、深部に刺激が届いてほぐすことができる。

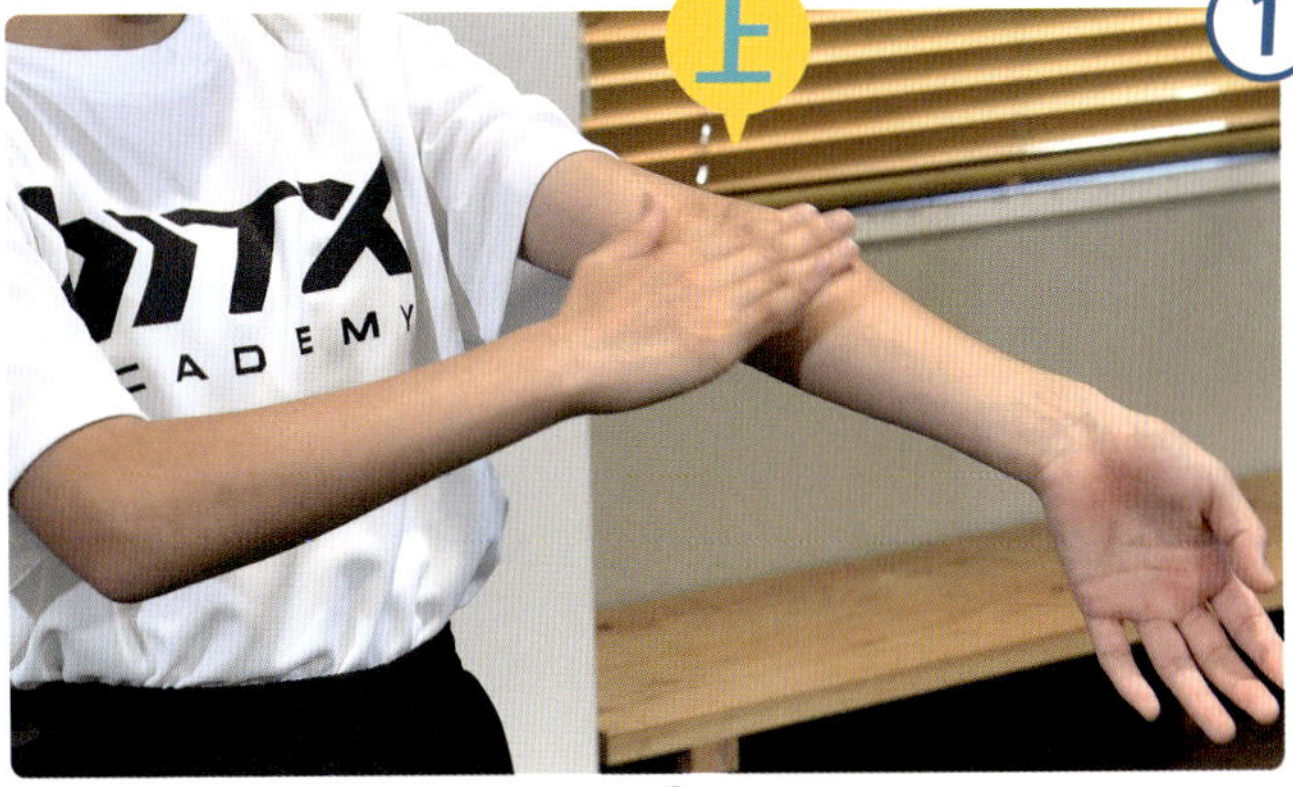

②

左ひじの裏側に、右の手のひらを当てる。右の手のひらで、ひじ関節を包み込むように持つ。 右の手のひらを包み込む形にしたまま、上下に動かしつつ、内側と外側に分けてさすりほぐしていく。

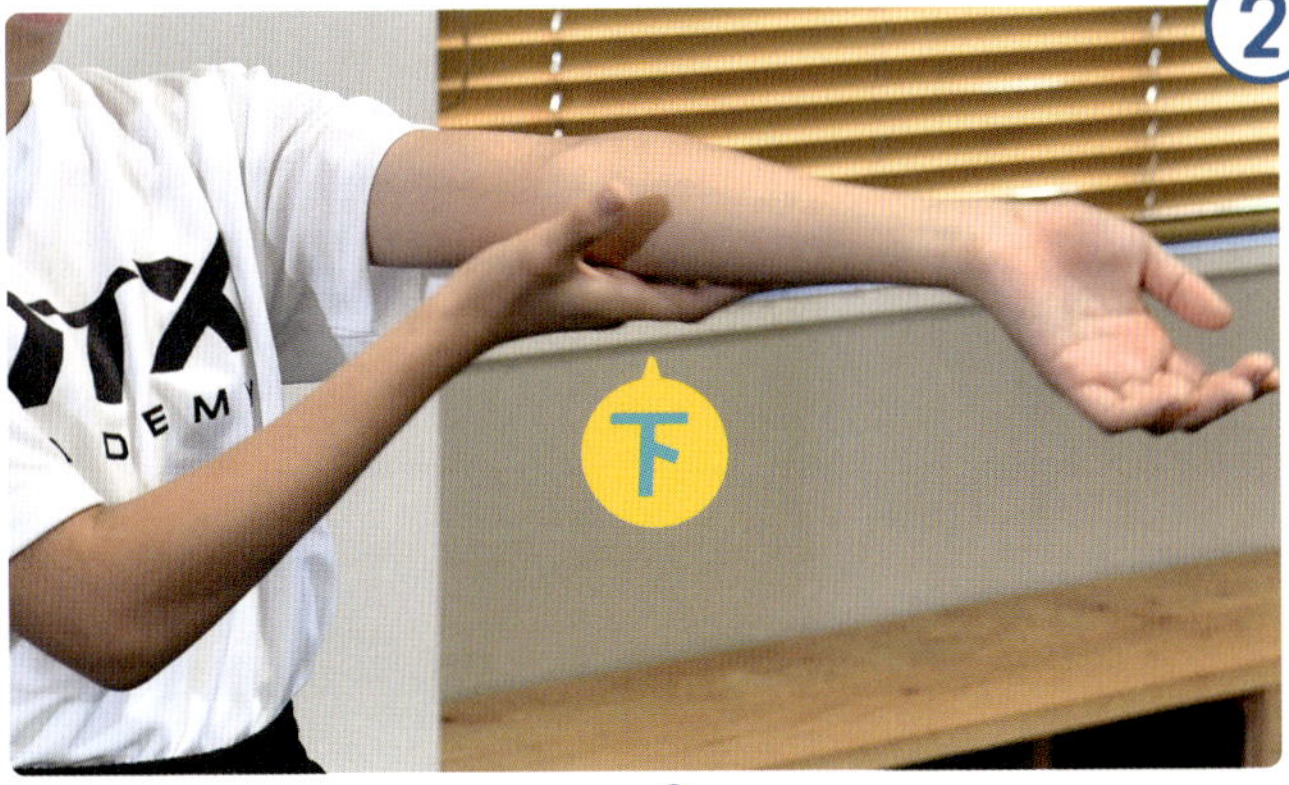

③

写真のように、左ひじの内側に右の手のひらを合わせる。 右の手のひらでひじ関節の内側をやや広めの幅でさすりほぐしていく。 ひじの内側に手を当てるときに、少し下から支えるようにして手を当てるのがコツ。 最後に、左ひじの外側をさする。 右ひじも同じように行う。

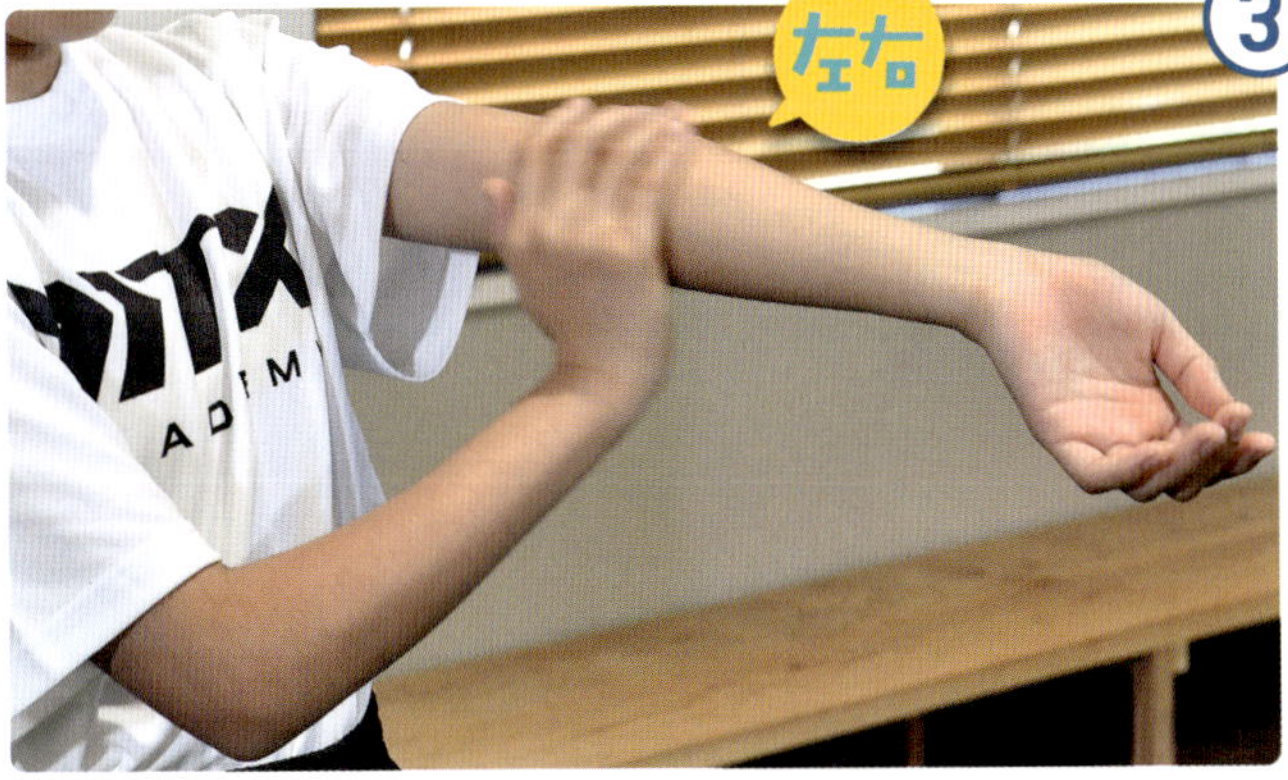

パパママにひと言

手やひじ関節をゆるめる効果

子どもたちの脳は、興奮と抑制を繰り返しながら発達していきます。 手には、感覚を入力する末梢神経が通っています。 末梢神経をリラックス＝抑制に切り替えることで、中枢である脳をリラックスへと促します。

さすりワーク腰

手の甲を使って、腰の筋肉と、骨盤にある仙腸関節をゆるめていきます。

少し圧をかける

①

手の甲を、腰の筋肉に当てる。 腰の筋肉に手の甲を当てたら、ピタッとくっつけるように少し圧をかける。

②

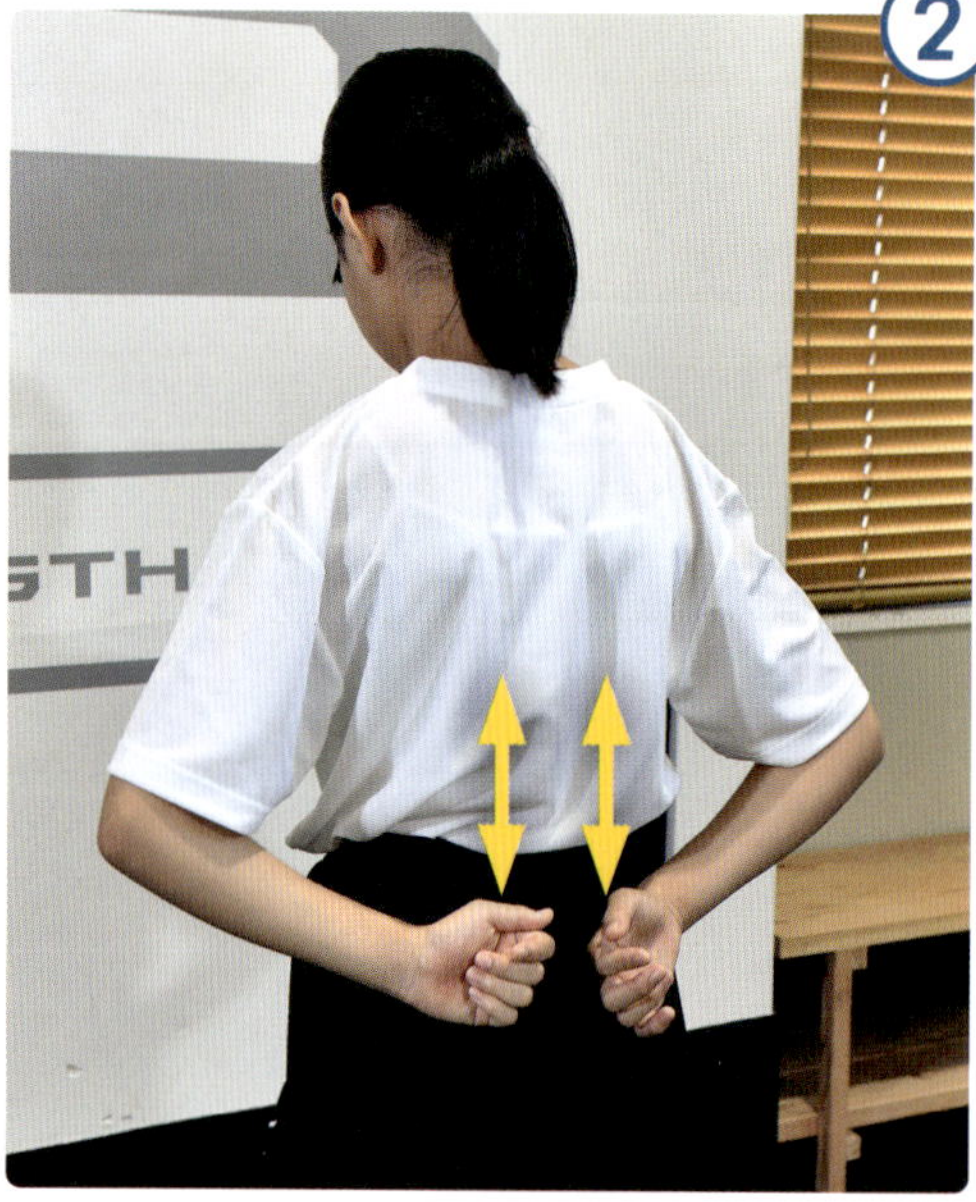

手の甲で、少し圧をかけた状態をキープしたまま、上下にさする。 あまり力が入らないように、手をグーの形にすると、しっかりと刺激を伝えることができる。

③

まずは腰から、おしりにかけて全体を上下にさすることからはじめる。 次に、腰の上だけをねらって上下にさすりほぐしていく。

上下の後は
左右もさする

④

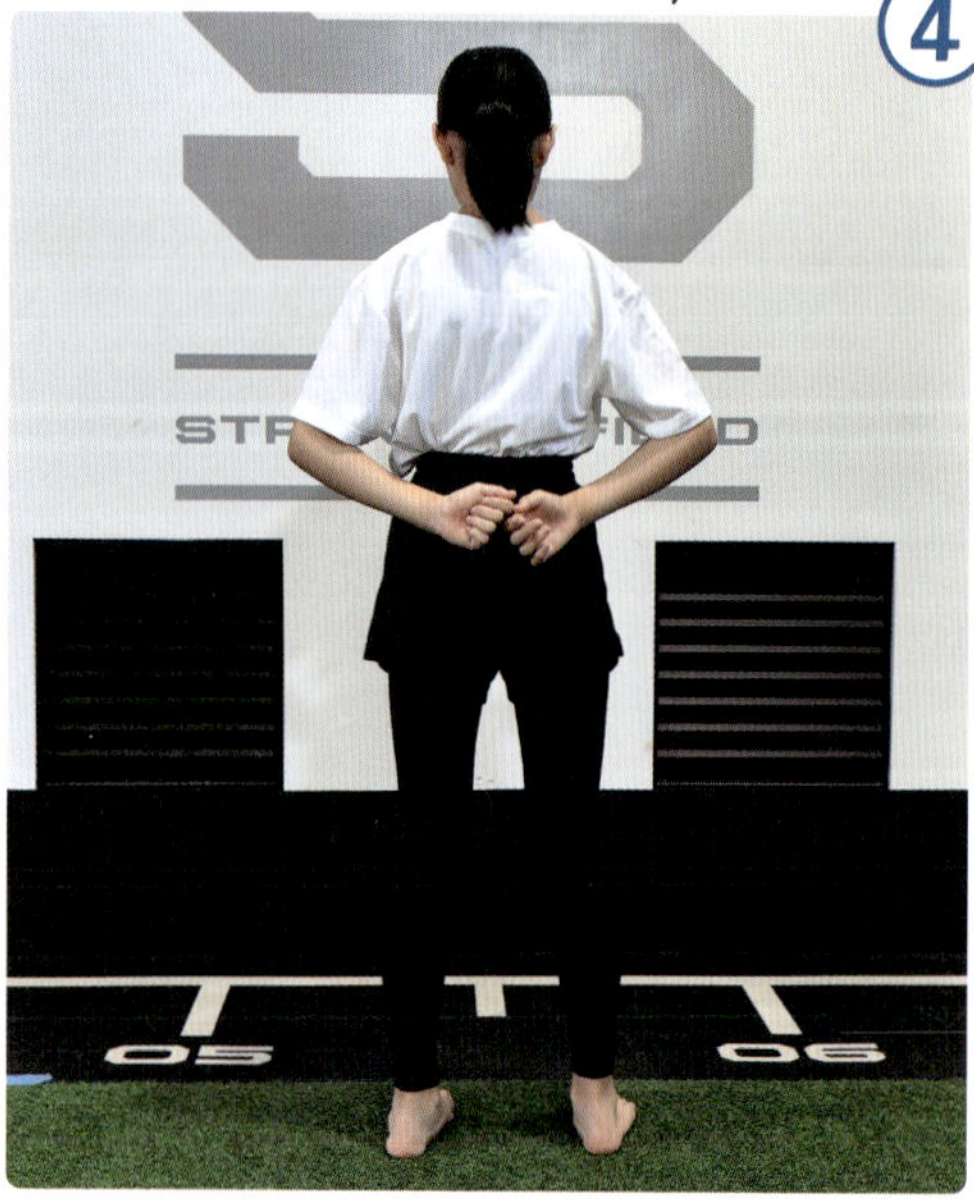

次に、おしり→骨盤の仙腸関節を中心に上下にさすりほぐす。 腰の上、骨盤の仙腸関節と、部分的にさすりほぐしたら、姿勢をよくした状態をつくり、腰からおしりにかけて全体をさすっていく。 上下にさすったら、左右もさする。

さすりワークひざ

ひざ関節周りをさすります。ケガが起こりやすい成長期の子どもたちにとって、ひざ周りの筋肉をケアすることはとても大切になります。

①

片ひざを曲げて、床に座る。 ひざのお皿を両手で包み込むように当てる。

②

ひざのお皿の上に手をずらして、太ももの筋肉を上下にさする。

③

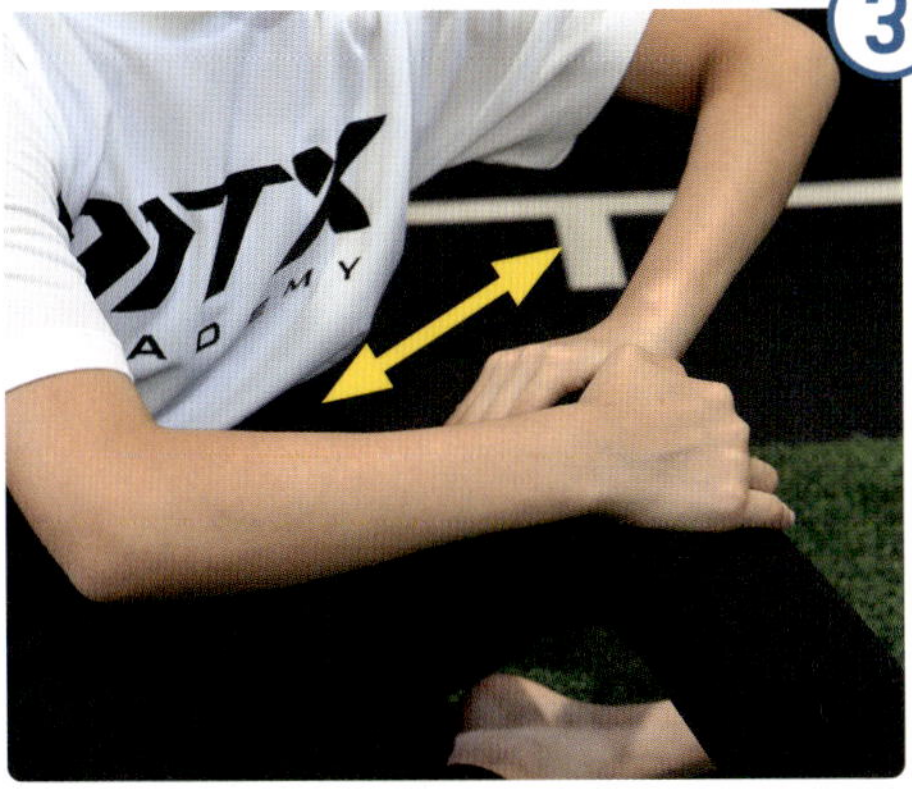

写真のように手をひざのお皿の上と下に合わせて、横にさする。

④

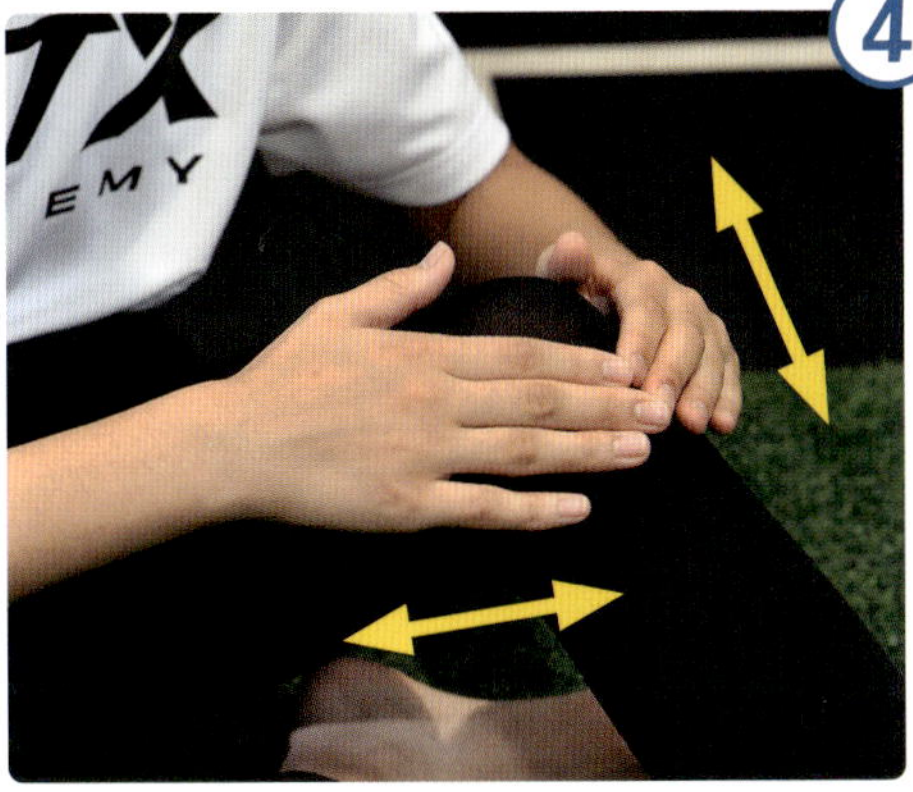

今度は、ひざのお皿の下側のくぼみに両手を当ててさする。

⑤

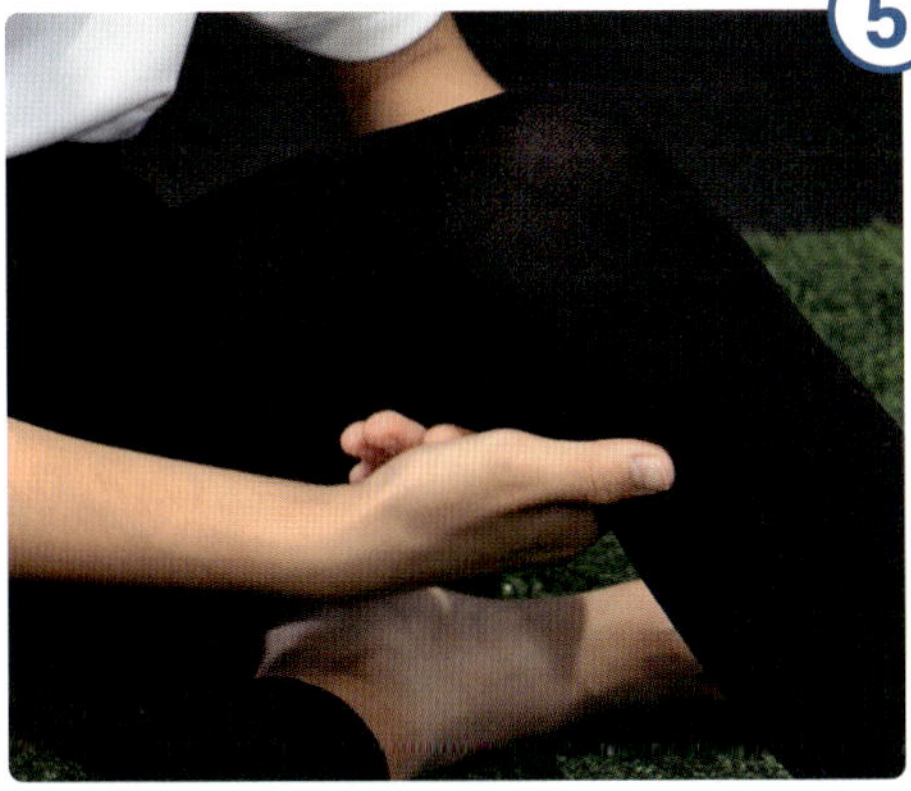

最後に、ひざの裏側に両手を当て、指を使ってさすりほぐしていく。

パパママにひと言

成長期の子どもに腰とひざのリカバリー！

成長期を迎える子どもたちは、骨が伸びていくに伴いひざ周りや、腰周りに痛みや違和感が出やすい時期になります。 スポーツをした後、夜まで勉強した後など、腰とひざのリカバリーストレッチをすることで、身体のバランスを整えることができます。 ぜひ活用してください。

さすりワーク足首

足、足首のリカバリーストレッチです。足、足首には28個の骨があります。足をよく動かすことで、身体全体の動きもよくなります。

step 1 回す

①

②

パパママにひと言

身体のバランス感覚を育て、ケガ予防にも効果的

足は、立つときの土台になる場所です。 足の骨が動かなくなると、身体全体の動きも悪くなってきます。 28個もある足の骨を動かすことを習慣にすることは、身体のバランス感覚を育て、ケガ予防につながります。

POINT

右手で足の指全体を持つようにする。

1. 床に座って、左足首を右足の上にのせる。 左手で上から足首を包むように持ち、右手で足の指を持つ。 右手で足の指全体をカバーするように持つことがポイント。 **2**. 左手で足首を固定しながら、足の指全体をカバーした右手で、足首を前回りするようにゆっくり回す。 回す方向は、前に回すだけで大丈夫。

step 2 さする 叩く

1

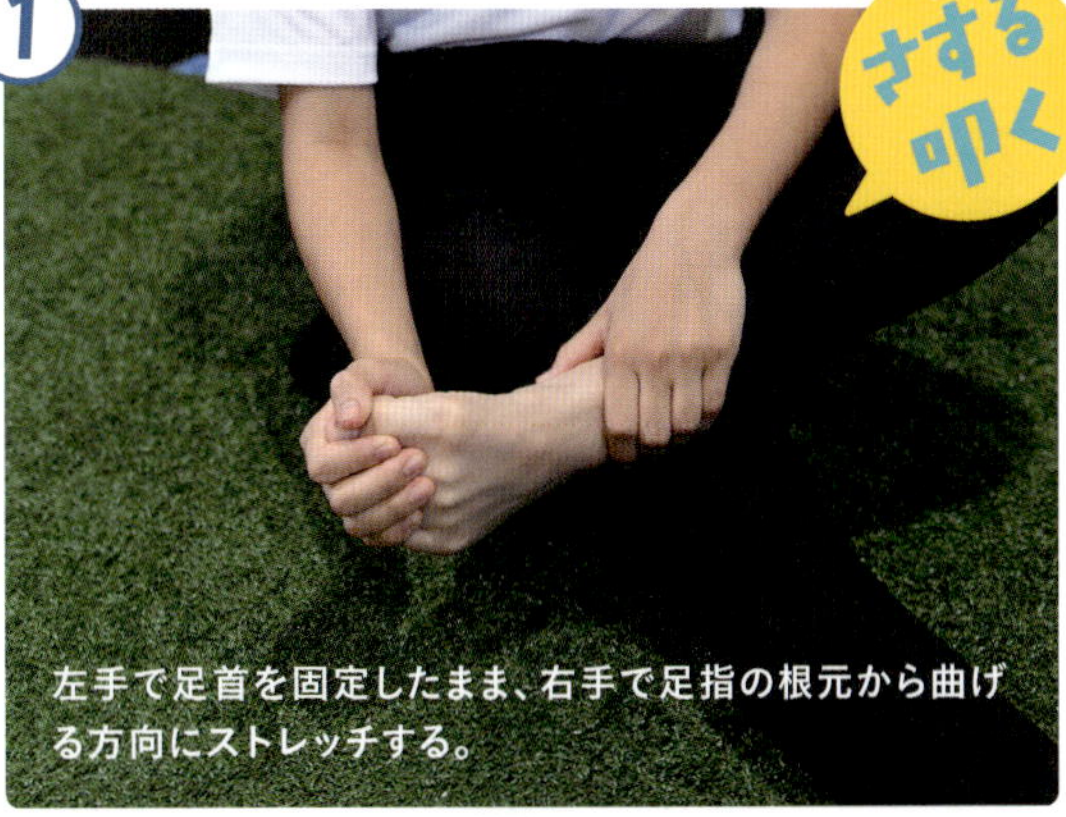

左手で足首を固定したまま、右手で足指の根元から曲げる方向にストレッチする。

2

次に、右手で足指の根元からそらす方向にストレッチ。

3

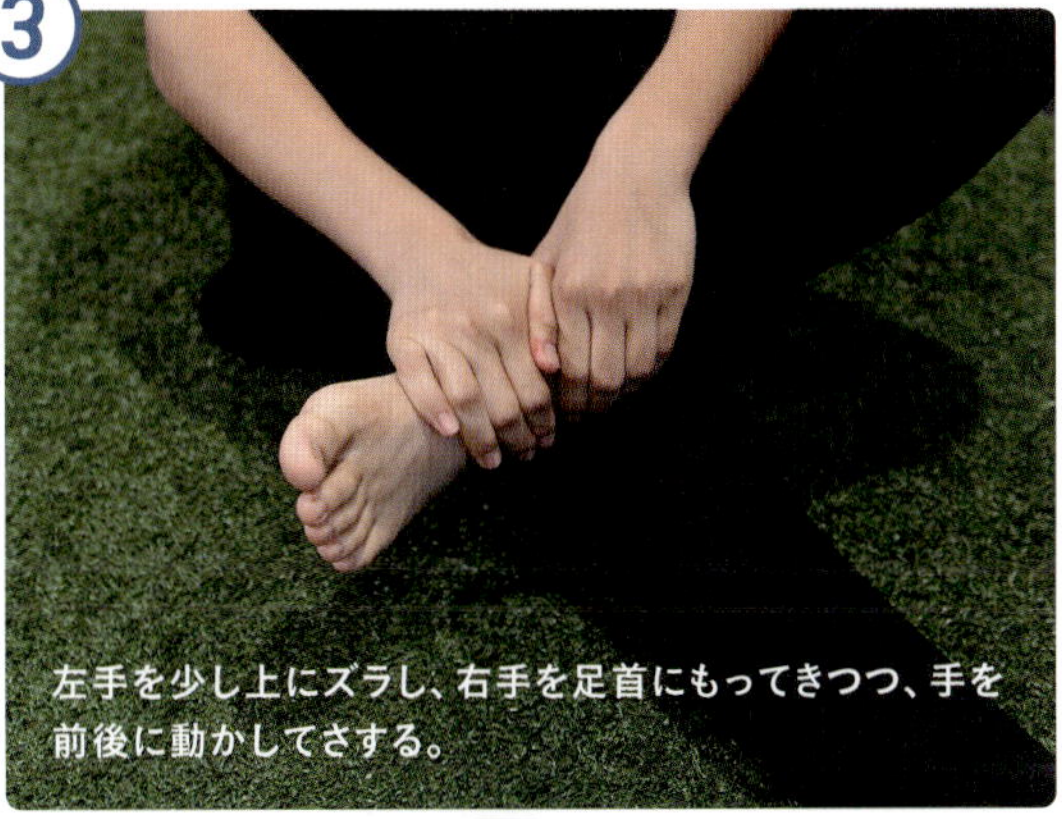

左手を少し上にズラし、右手を足首にもってきつつ、手を前後に動かしてさする。

4

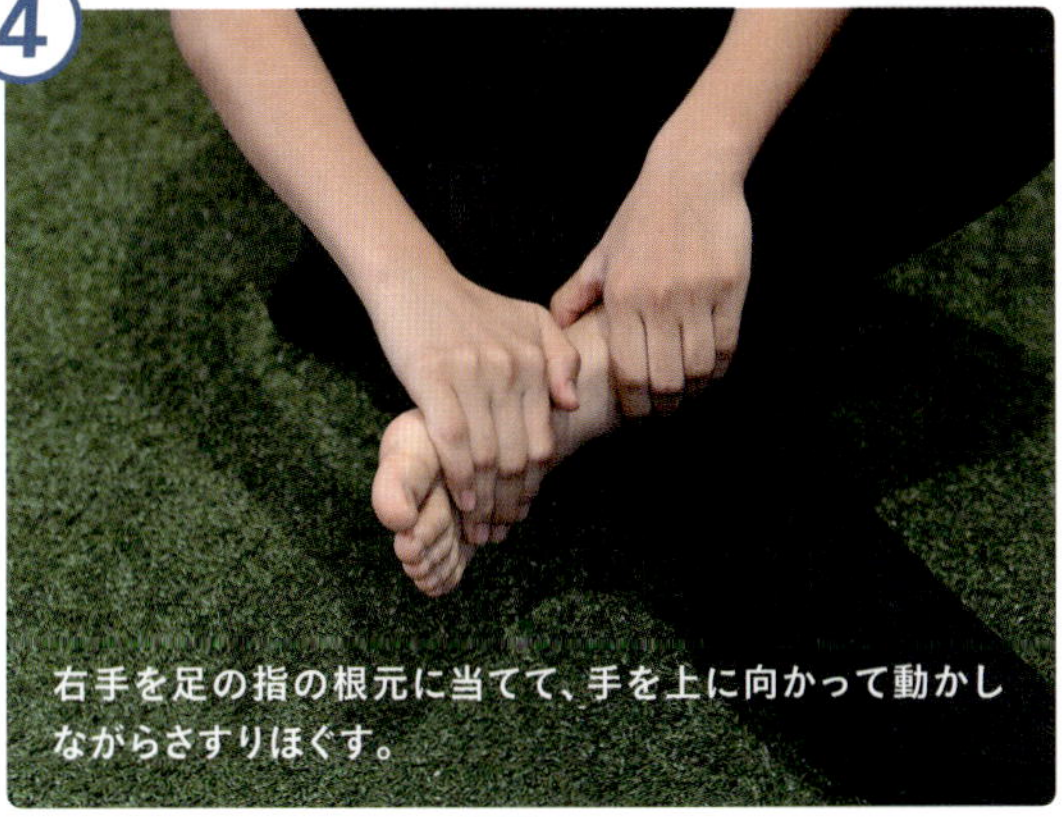

右手を足の指の根元に当てて、手を上に向かって動かしながらさすりほぐす。

5

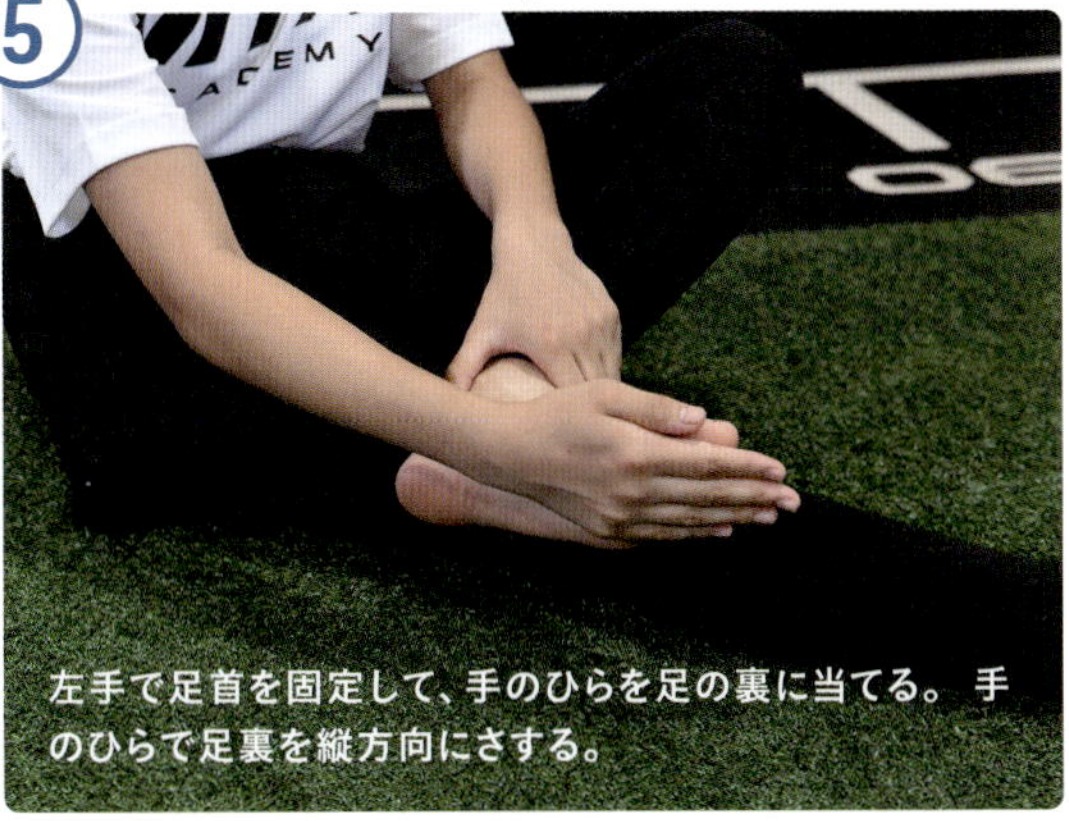

左手で足首を固定して、手のひらを足の裏に当てる。 手のひらで足裏を縦方向にさする。

6

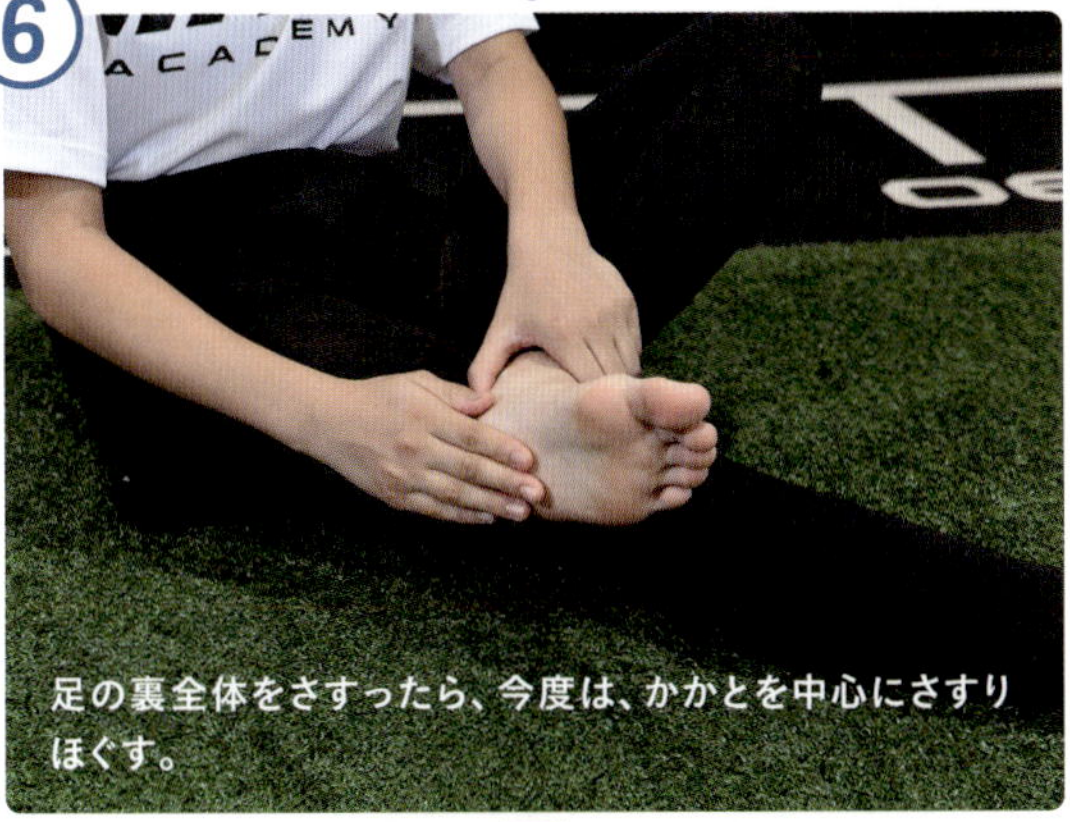

足の裏全体をさすったら、今度は、かかとを中心にさすりほぐす。

7

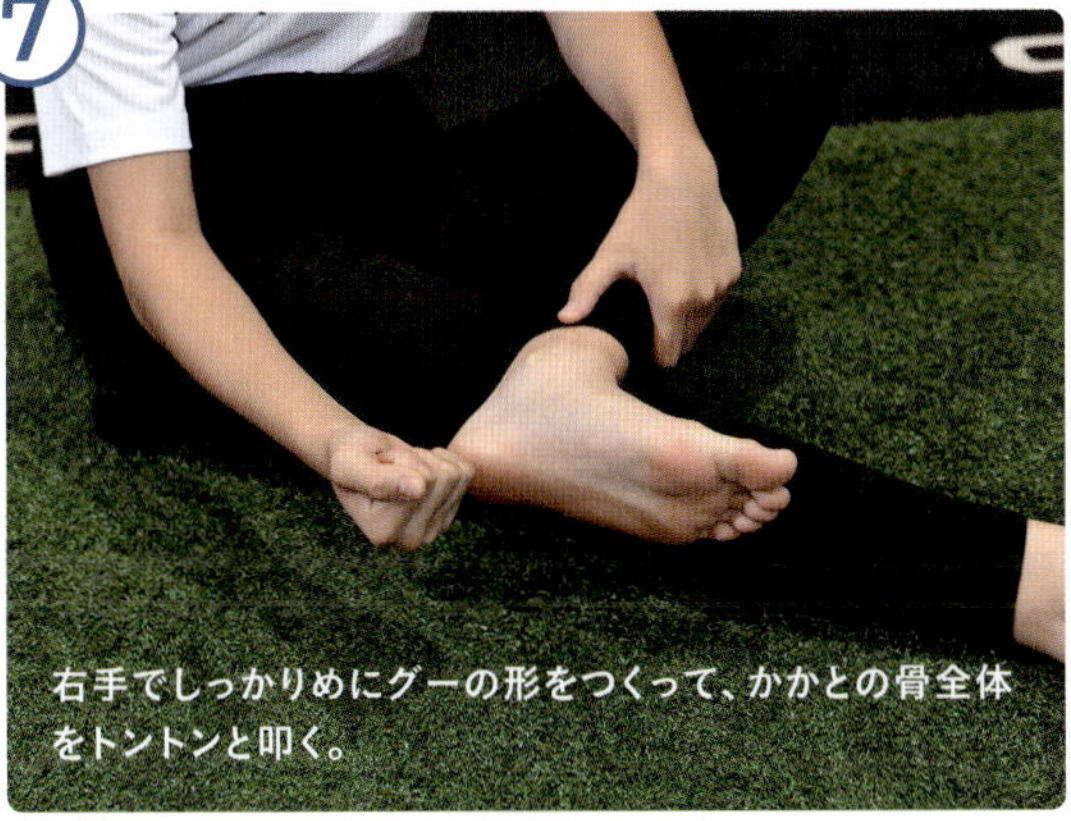

右手でしっかりめにグーの形をつくって、かかとの骨全体をトントンと叩く。

8

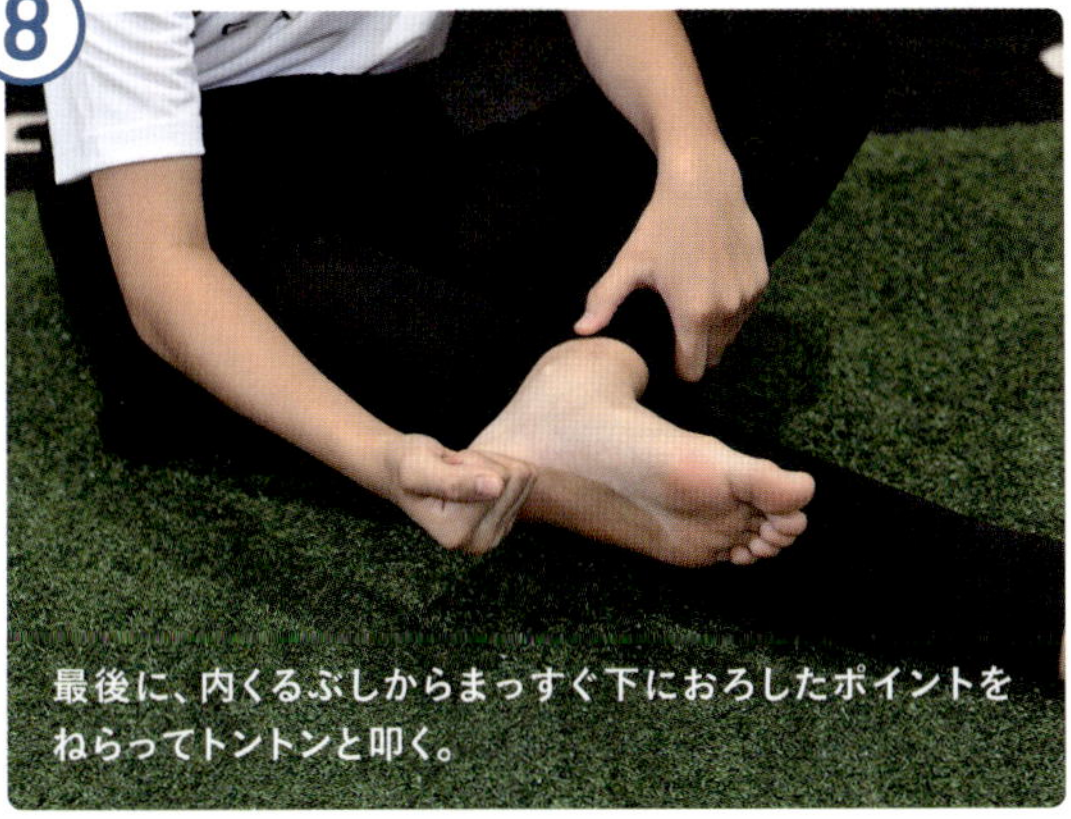

最後に、内くるぶしからまっすぐ下におろしたポイントをねらってトントンと叩く。

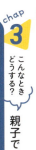

親子でリフレッシュ 3

親子でできるリカバリーストレッチ

親子でペアワーク

親子で取り組めるペアワークです。
背骨、腰、肩甲骨を触ってあげることで感覚を高めることができます。

背中

背骨は24個の骨で構成されています。
上からやさしくトントンと叩きながら、
一番下までおりていきます。

①

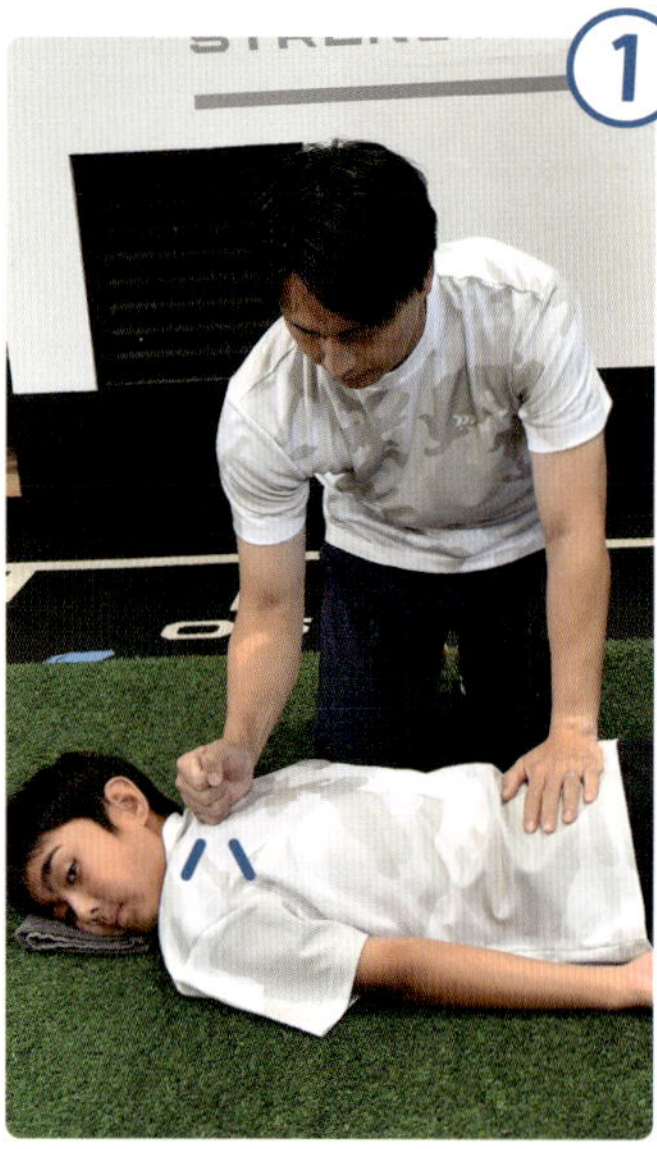

②

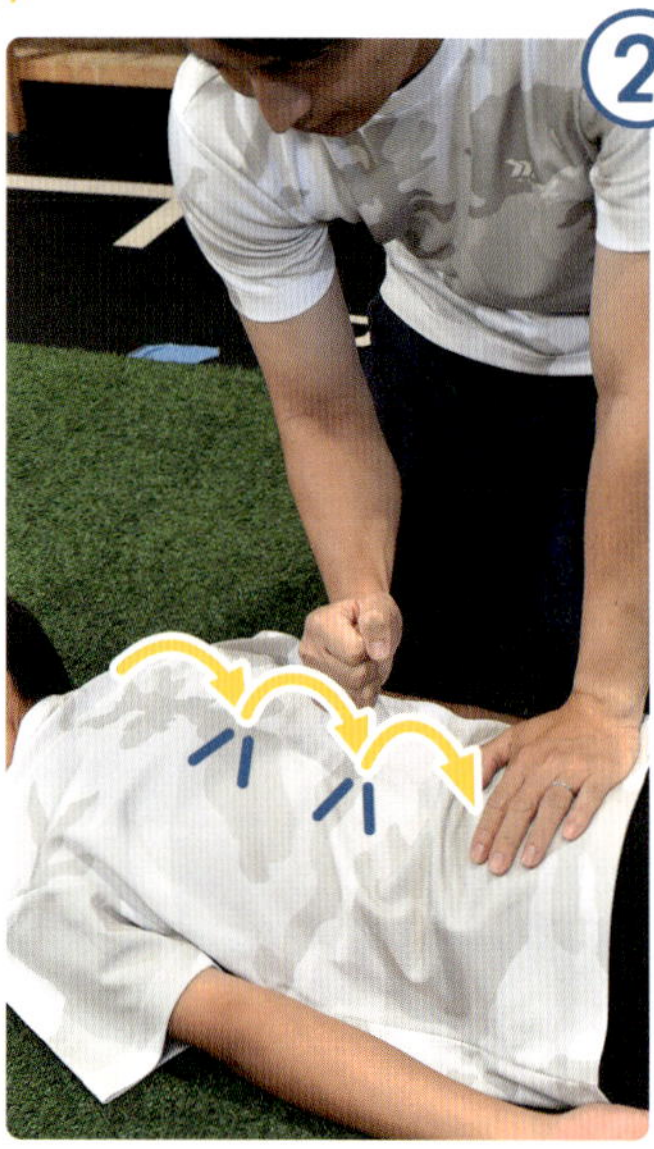

肩甲骨

肩甲骨を
さすりほぐしていきます。

①

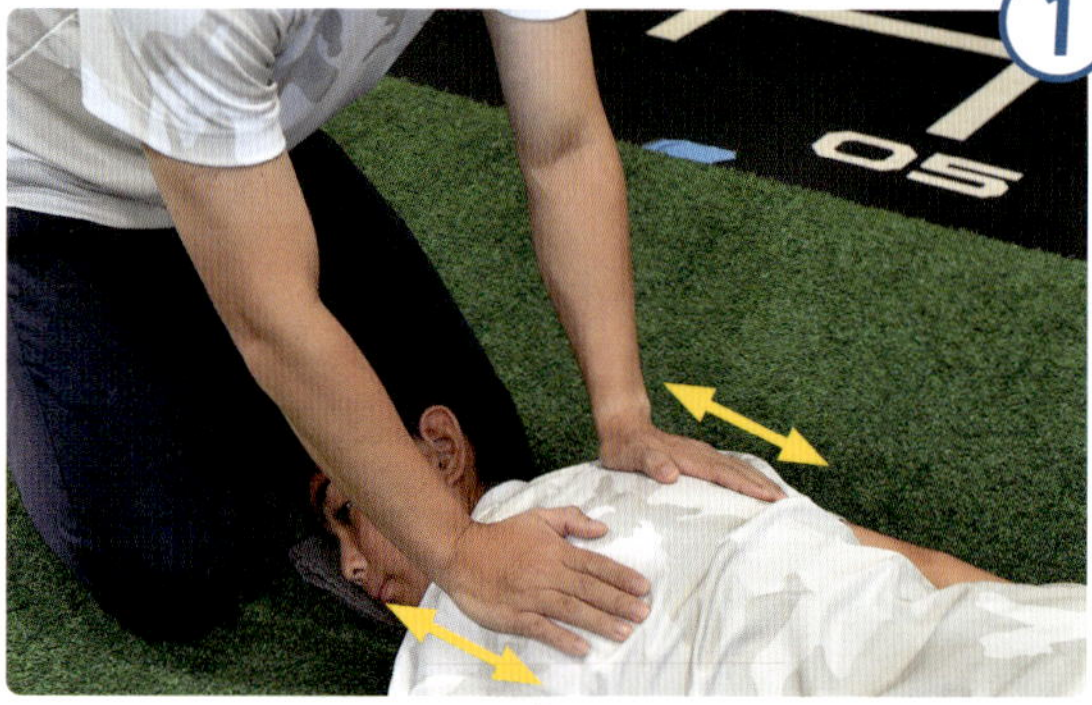

ケアする人は、両手を子どもの肩甲骨の上にのせる。少し体重を預けるように、肩甲骨に対して上から圧をかけていく。その状態で、手を前後に動かしながら肩甲骨をほぐす。

②

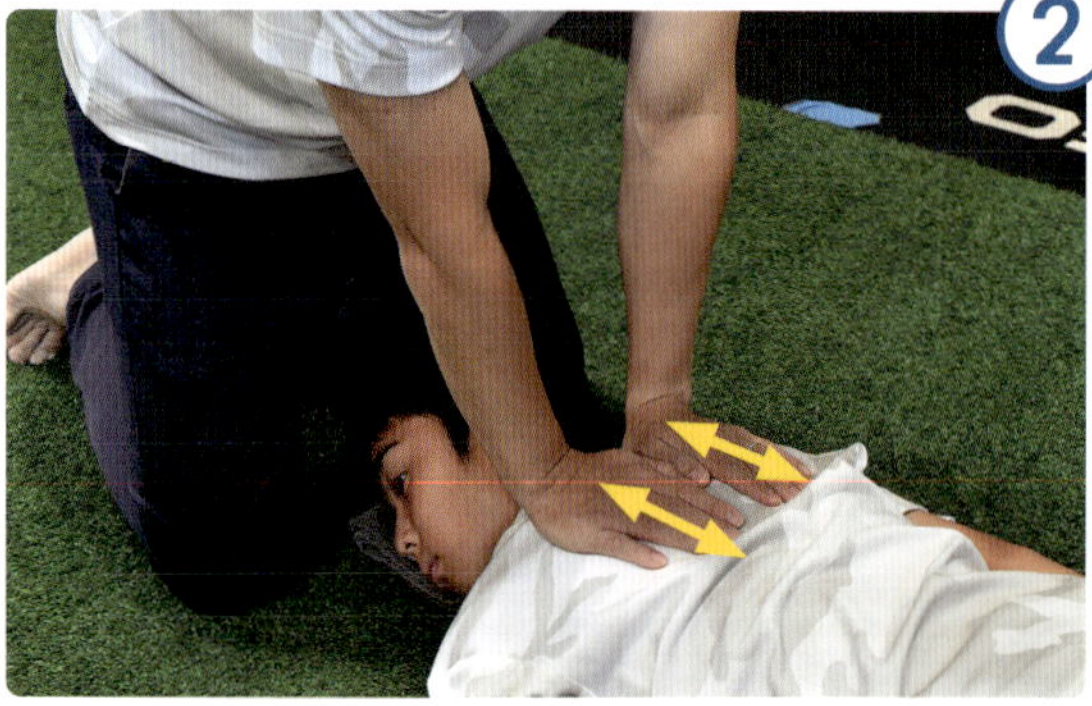

次に、肩甲骨の間に手を当て、同じようにほぐす。

movie

③

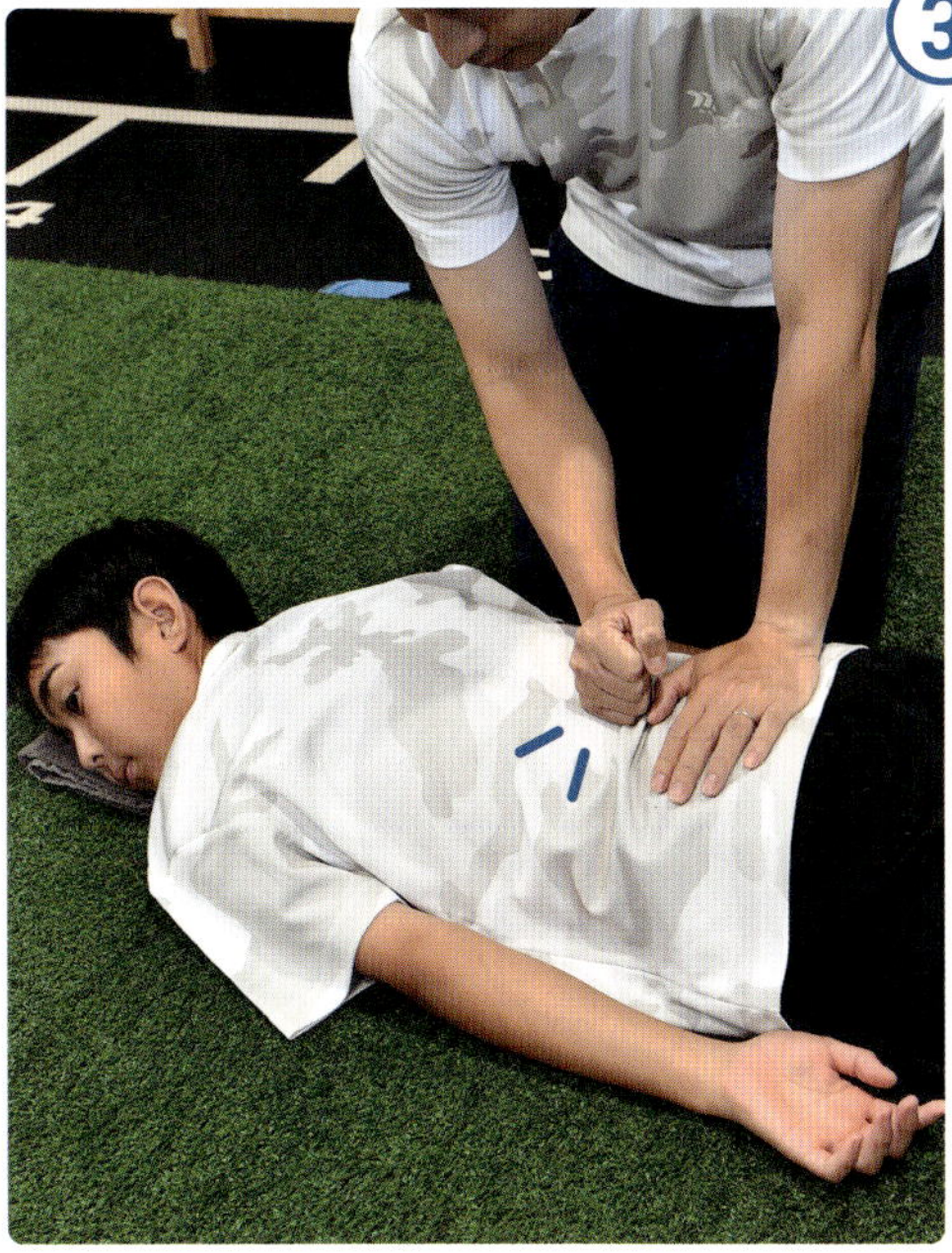

骨盤の中央の骨＝仙骨に左手を当て、右手で腰の骨5つをやさしくトントン叩いていく。 とても軽い振動を伝えていくイメージで叩くようにする。

④

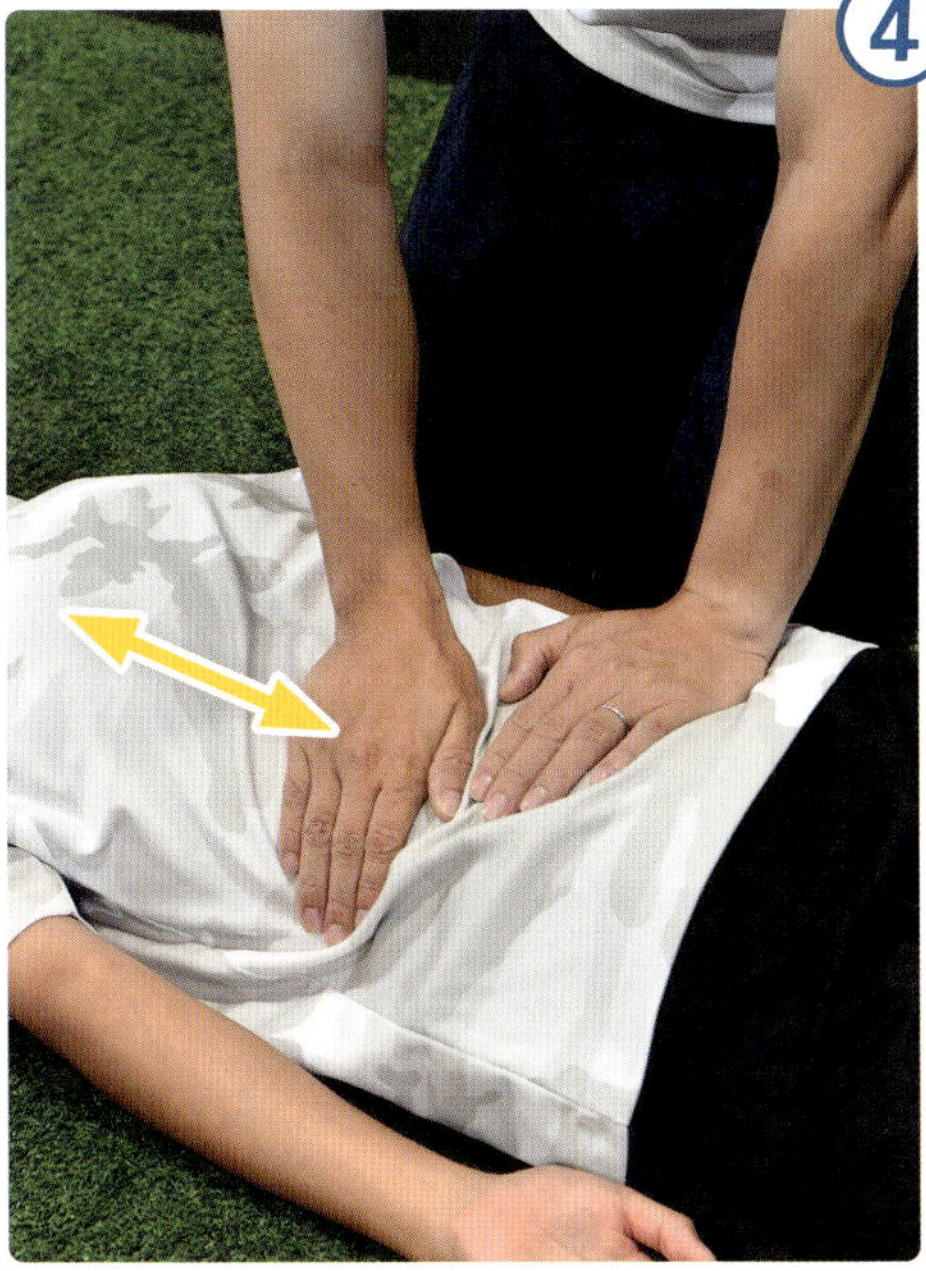

左右の手を前後に交互にさすりながら、腰裏全体をゆるめていく。

腰

腰の骨、筋肉にアプローチしてバランスを整えていきます。

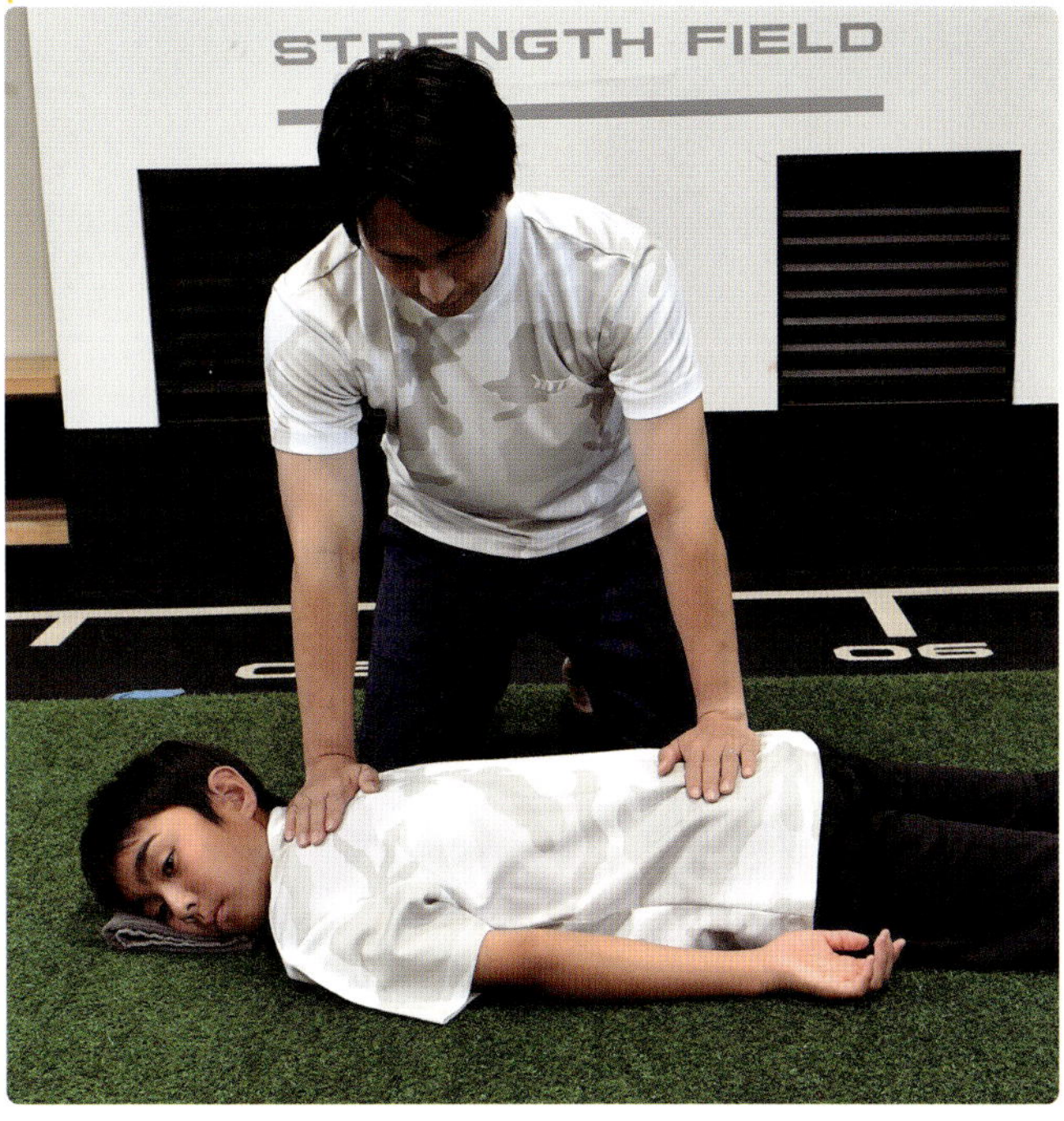

子どもはうつぶせに寝る。 ケアする人は、子どもの首の根元を支えるように右手を置く。 左手で骨盤の中央の骨＝仙骨に手を当て、前後にやさしくゆする。そうすると背骨全体にローテーションの動きが伝わり、ほぐれていく。

パパママにひと言

外から触ることで感覚が高まる

背骨、腰、肩甲骨は、身体の中心を構成するとても大切な場所です。 ケアする人が外から触ることで感覚が高まるため、その部分を動かしやすくなります。「ここが背骨、ここが肩甲骨」とお互いに確認しながらワークをすると、より効果的です。

身体の使い方が上手くなる

4

親子でできるリカバリーストレッチ

4つの動作感覚を育てよう

「ゆする」「振る」「通す」「回す」の4つの動作感覚を高めていくワークです。この4つの動作感覚を高めると、様々なスポーツ動作（投げる・打つ・走る）へとつながり、そのスポーツの技能が上達していきます。

movie

ゆする

その場で軽くジャンプし、身体全身のつながりを感じながらゆすっていきます。

手と足をゆすることからはじめていき、徐々に全身がつながるように力を抜きながら、身体をゆすっていく。

POINT

まずは、手と足を中心にゆすっていこう！

振る①

バイバイするときの手を振る動作からスタートしていきます。

両腕を斜め下方向へしっかり伸ばして、パーをつくって手を開く。その手をバイバイするように7秒間振り続ける。

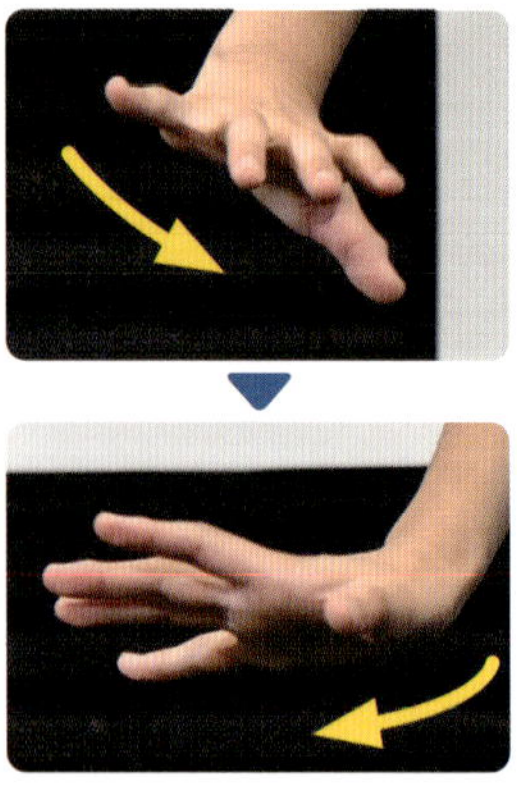

POINT

手をしっかり「パー」と開き続けます！

振る②

ひじを曲げて、バイバイをするときのように手を振ります。

POINT
少しずつバイバイのスピードを上げていこう!

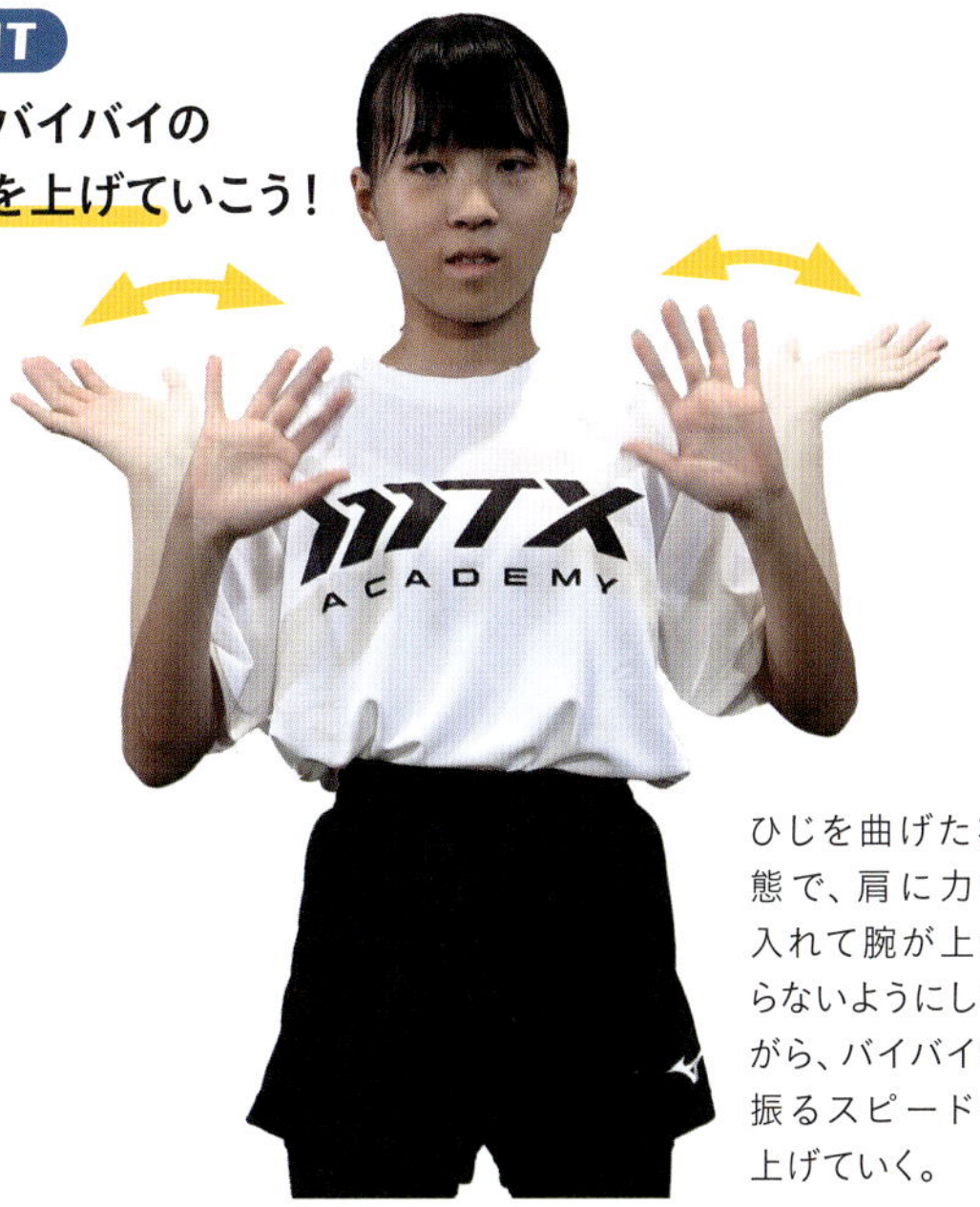

ひじを曲げた状態で、肩に力を入れて腕が上がらないようにしながら、バイバイの振るスピードを上げていく。

振る③

ひじを曲げて、手のひらを自分のほうへ向けて、交互に振ります。

手のひらを自分の方向へ向けて、バイバイする。すると、腕が交互に振る動きに自然となっていく。

POINT
走るときの腕振りをイメージしてみよう。

振る④

500mlのペットボトル２本を持ってトレーニングしていきます。

500mlのペットボトルに水を半分入れて、両手に持つ。水をバシャバシャ振るようにトレーニングする。

POINT
水の動きをよく感じながらやってみよう。

パパママにひと言

腕を振る動作はバイバイから!

手をバイバイする動作から、ひじ関節を曲げて、手のひらを自分に向ける「振る③」の動作で、左右交互に振れる腕振り動作につながります。バイバイと手を振る動作からはじめると、速く腕を振る動作が上手になります。

通す

背骨にまっすぐ意識を
通すことで、
姿勢がよくなります。

POINT
背骨に１本の
細いラインを通して
いくイメージをつくる。

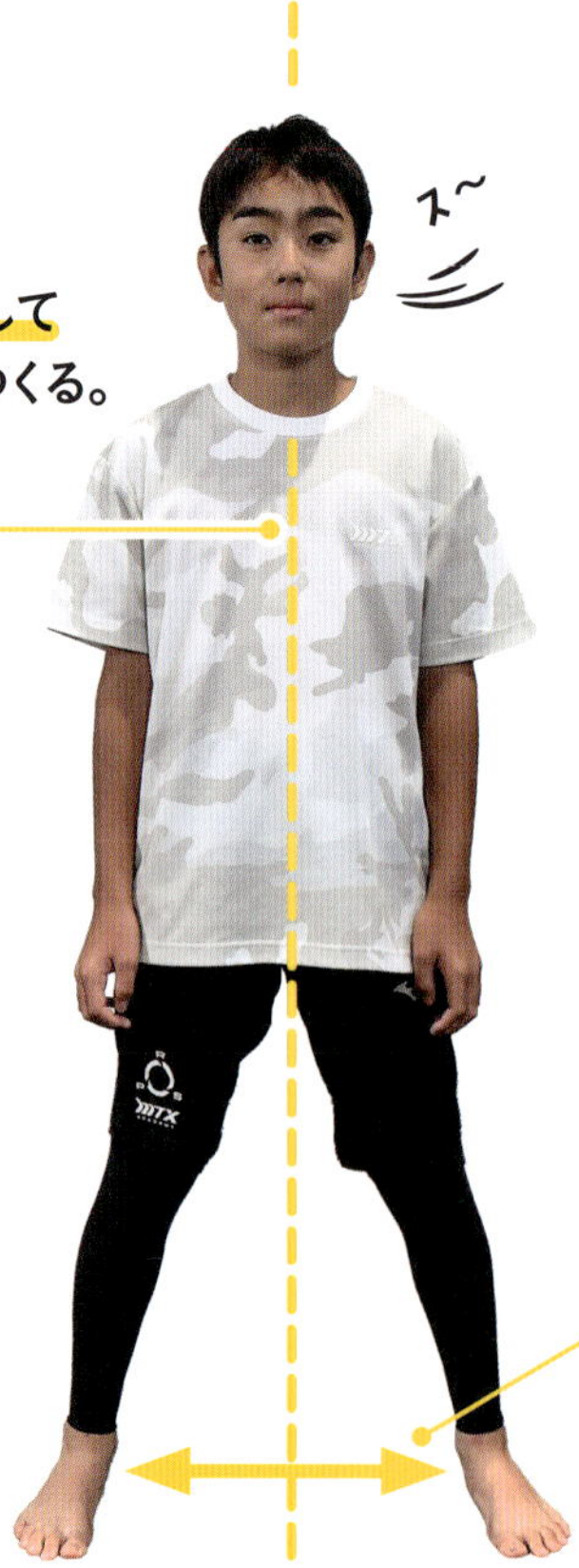

鼻から細く、ゆっくり
呼吸を吸いながら頭
から、おしりまで１本
のラインが通ることを
イメージする。

POINT
最初は、肩幅より
少し広めのスタンス
からはじめよう！

パパママにひと言

通す意識で、集中力が高まる

集中は英語で「Concentration」と言います。 針の穴に糸を通すように、意識を集めていくことが、集中力を高めるときの意識の使い方につながります。 呼吸とともに背骨にラインを細く通していくワークで集中力を高めていきます。

回す①

腕を伸ばして、肩甲骨を交互に
回していきます。

POINT
クロールで泳ぐように
イメージして回していくよ！

腕を伸ばし、指を軽く折り曲げる。 その状態で、肩甲骨から大きく腕を回す。 左右交互に回転させながら、スムーズに回していく。

回す②

ひじを曲げ、屈んだ状態をつくり、
手首とひじにリードしてもらいながら
肩甲骨を回していきます。

POINT
肩甲骨をクルクル
回していきます。

前に屈んだ状態をつくることで、肩甲骨が回しやすい状態をつくります。

投げる

ゆする、振る、通す、回す動作をした後に、
投げる動作をやってみましょう。

POINT
姿勢と投げる方向に
「通す」イメージを
もとう

投げる動作は、通す意識からはじめます。 通す意識でよい姿勢をつくり、投球動作では投げる方向にも意識を通していきます。 次に、振る動作を高めるときに使ったバイバイ動作(振る①)でブンっと振るように腕を振っていきます。 ゆする、回す動作で身体をつなげていくと、より投げる動作がスムーズになります。

打つ①

ゆする、振る、通す、回す動作をした後に、バットで打つ動作をやってみましょう。

POINT

通す意識をもとう

身体をゆすった後に、通す意識で姿勢をつくって構える。タイミングを取りながら、スイング動作へ移る。

打つ②

ゆする、振る、通す、回す動作をした後に、ラケット動作をやってみましょう。

ラケット動作は、左右の腕の連動とゆする感覚がベースになる。身体をよくゆすって、回す動作と振る動作を連動させる。背骨に意識が通ってくると、さらに振れるようになる。

3から**8**にかけて、振ると回すの動作が連動してバットスイング動作へとつながる。

走る

ゆする、振る、通す、回す動作をした後に、走る動作をやってみましょう。

POINT

走り終わるまで、通す意識をつなげよう！

走るは、全身を回す意識をもつのが効果的。 全身をゆすってつながりを出し、振るで手を振る速度を高め、通すで力が逃げないように姿勢をキープする。 振る動作と回す動作を連動させ、走るスピードを高めていく。

親子で知っておこう!

5 成長期になりやすい痛み

子どもの身体が急激に伸びる時期に、主に、ひざ、ふくらはぎ、太ももに痛みが出ることがあります。こうした成長期に現れる痛みに関して正しい知識をもって、適切に対処できるようにしましょう。

成長痛ってなんだろう?

成長痛とは、主にひざや太もも、ふくらはぎなどの下肢に見られる痛みのことで、赤ちゃんから小学生、中高生を中心に起こる症状です。痛みは、腱が骨について いる部位で起こることに特徴があります。成長痛は痛みに波があり、レントゲンや超音波検査で骨と筋肉に異常が見られない場合などに診断されます。成長痛の特徴の一つは、「ずっと痛いわけではなく、家でゆっくりしている夜や朝に痛みが出ること」です。なぜ、そのような痛みが出るのか、はっきりとした原因は見つかっていないのですが、一つ考えられることは、成長期(10歳代前半)の子どもは、筋肉の伸びが骨の成長より遅いため、筋肉が骨についている部位を引っぱるような状態になり、痛みが生じるのです。成長痛の診断として、知っておくとよい病名は、運動をしているお子さんのひざ下あたりに痛みが出る「オスグット・シュラッター病」、踵が痛くなる「シーバー病」などです。さらに、いわゆる成長痛ではないのですが、成長期で、スポーツをやっている子どもたちに起こりやすいのが、「腰の分離症」です。分離症は、背筋を使う競技、スイングスポーツで、特に筋力に恵まれた子どもが、何らかの理由で背骨の動きがよくないときに、強い刺激が入ってしまい腰に負担がかかることで起こることが多いようです。成長痛は、自然に痛みが引くこともありますが、常に痛みがあったり、腫れなどの炎症が見られたりする場合は注意が必要です。痛みが出たときには、スポーツ整形外科など専門の病院で受診しましょう。

成長痛の主な特徴

- ふくらはぎ、ひざ、太もも、腰など足や腰部に痛みが出る
- 学校や部活動などの活動時よりは、家ですごす夜や朝などに不定期な痛みが出る
- 腫れや炎症がなく、骨や筋肉にも異常が見られない

太ももの前側の筋肉が硬くなり、ひざ下あたりが痛む

1 オスグット

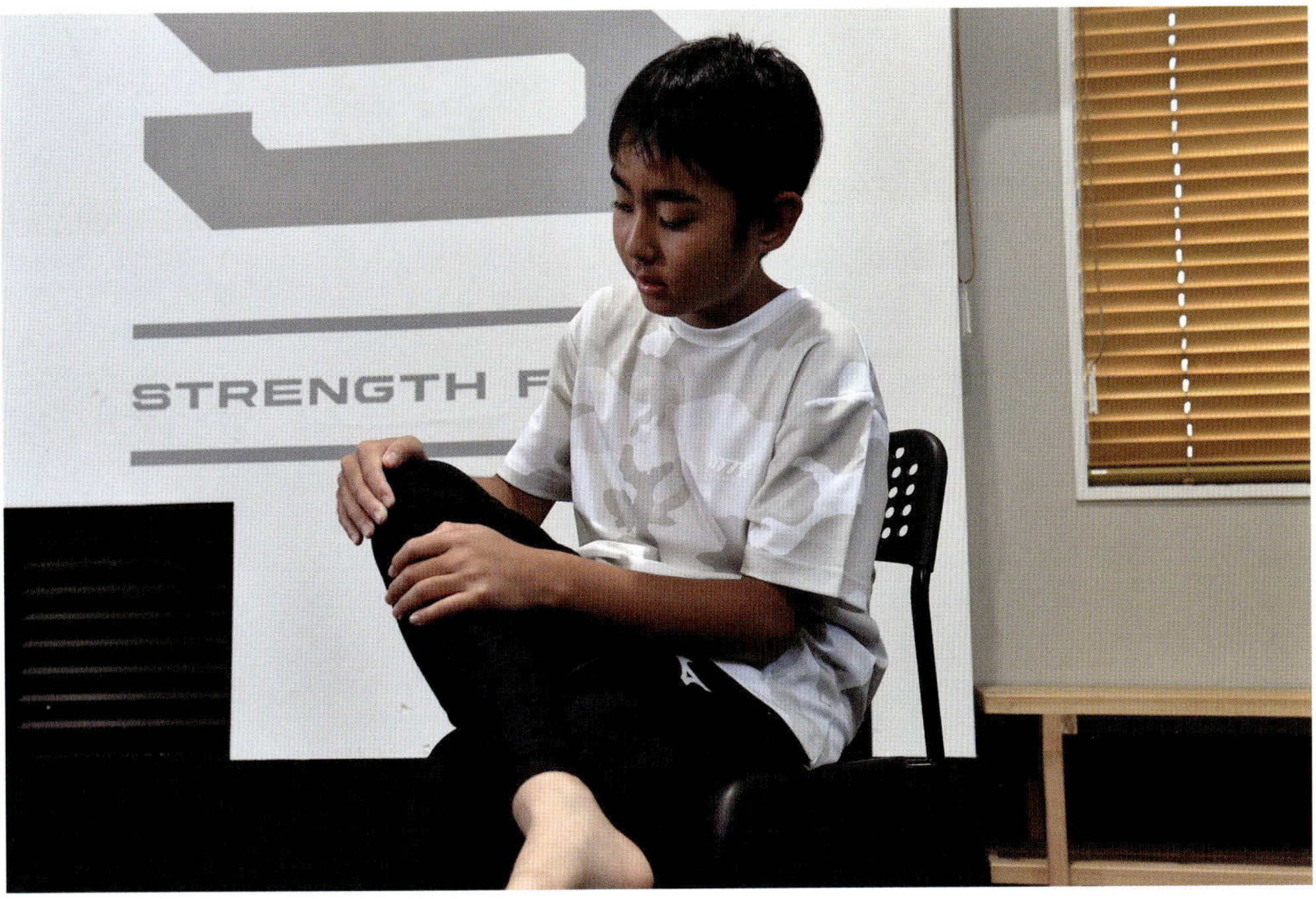
STRENGTH

動いてペタストレッチで身体の負荷を分散

オスグットは、12~15歳の成長期に多く見られるスポーツ障害の一つです。成長期は、まず骨の成長からはじまり、筋肉は後から長さの成長が追いついてきます。骨の成長の時期には、太ももの前側の筋肉が張りやすく、ジャンプやダッシュ、サッカーなどの蹴る動作により負荷がかかることで、ひざ下あたりに痛みが出てきます。オスグットは、ひざのお皿の下の骨が徐々に突出するのが特徴で、太ももの前側の筋肉が硬くならないように普段からメンテナンスをすることが大切です。炎症や痛みがひどい場合には、数日間から1週間程度はスポーツ活動は休止しましょう。痛みがなくなったとしても、身体の使い方が変わらないと痛みが再発するリスクがあります。動いてペタストレッチで、身体の重心の使い方や、全身を使えるようにすることで、負荷を上手に分散できます。これらの痛みは、筋緊張による血行不良から生じることが多いので、太ももの前側やひざ裏を温め、血行を促進させ、筋肉の緊張をほぐすと効果的です。

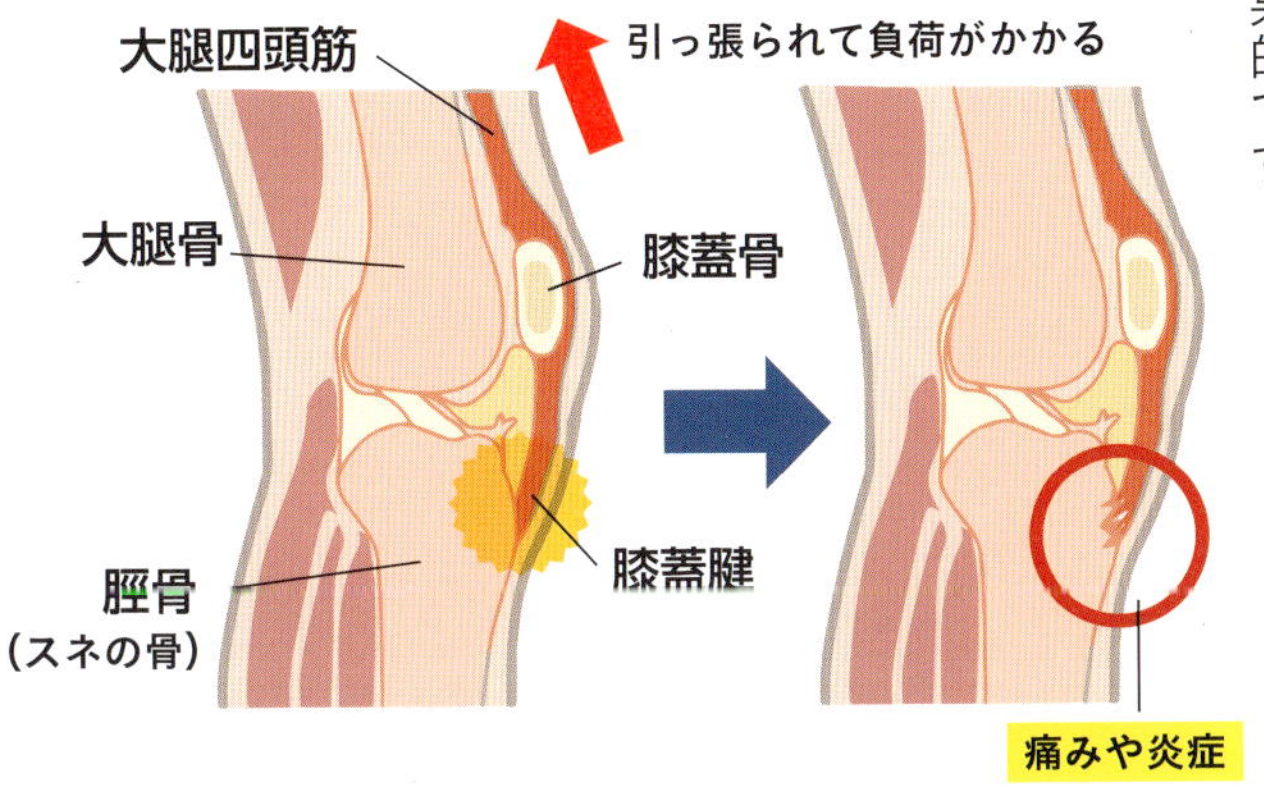
大腿四頭筋
引っ張られて負荷がかかる
大腿骨
膝蓋骨
脛骨
(スネの骨)
膝蓋腱
痛みや炎症

腰の回旋やそりの繰り返しによって生じた亀裂

2 分離症

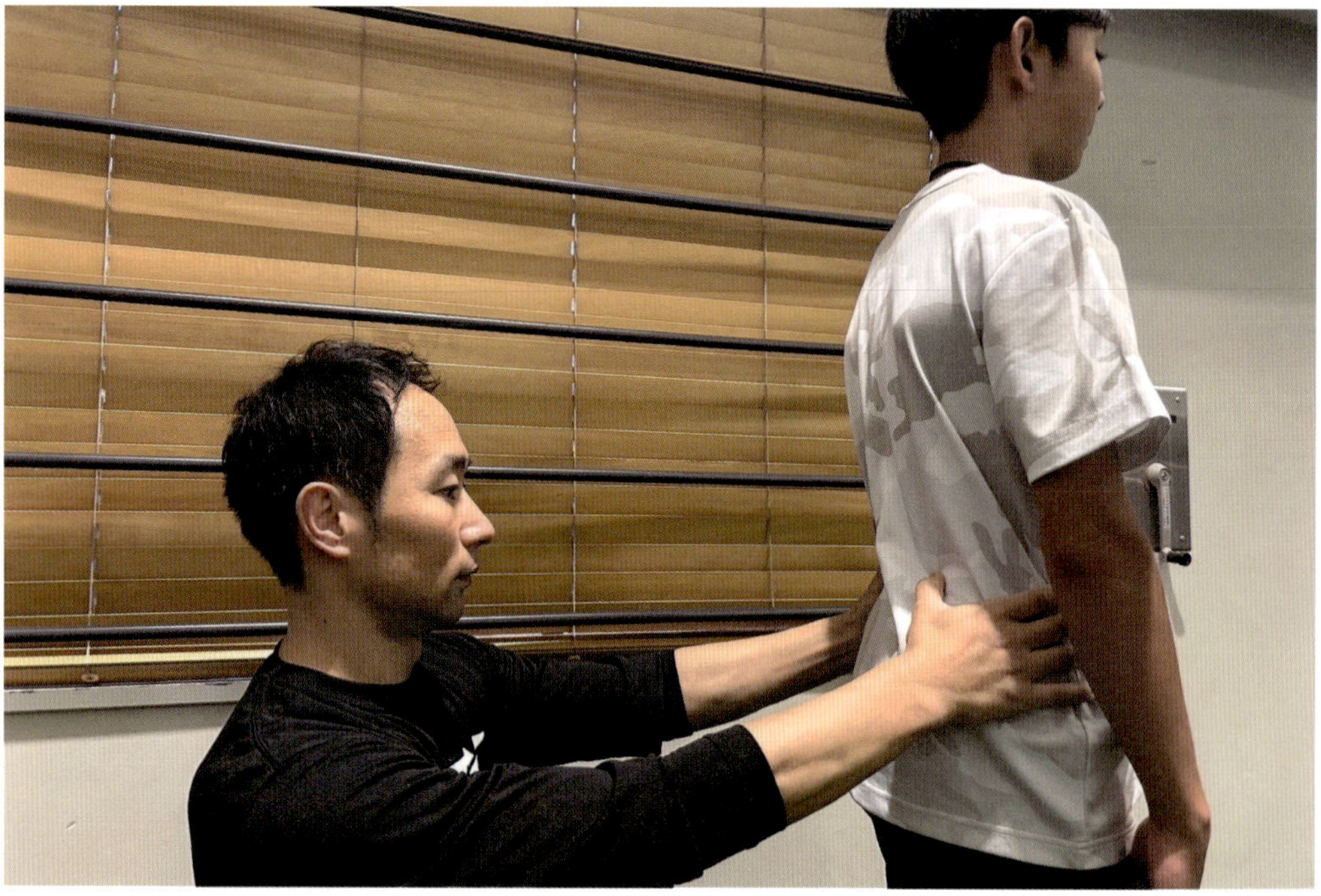

左右のバランスを整えるストレッチでケガ予防に

成長期の中学生頃に、野球のスイングなどの腰の回旋やジャンプをして腰をそるような負荷がかかりすぎると、腰椎という腰の骨の後方部分に亀裂が入って、分離症が起こります。スポーツの練習を繰り返すことで負担がかかり、30～40％のスポーツ選手が分離症にかかっています。腰椎分離症で起きる主な症状は腰痛で、腰をそらしたりひねったりしたときに電気が走るような痛みが出ます。また、おしりや太ももが痛む場合もあります。スポーツ以外にも長時間、立ち続ける・座り続ける・中腰の姿勢を取ると痛みが出やすいです。腰椎分離症の場合は、約3～12か月の安静期間が必要です。分離症は、背中の右側と左側の筋肉のバランスに偏りが出たり、股関節周りの筋肉が疲労で使えなくなることで、起こる場合もあります。成長期の子どもは、左右のバランスを意識したストレッチワークを行い、ケガを予防します。腰に痛みがある場合には、早めに医療機関で受診しましょう。

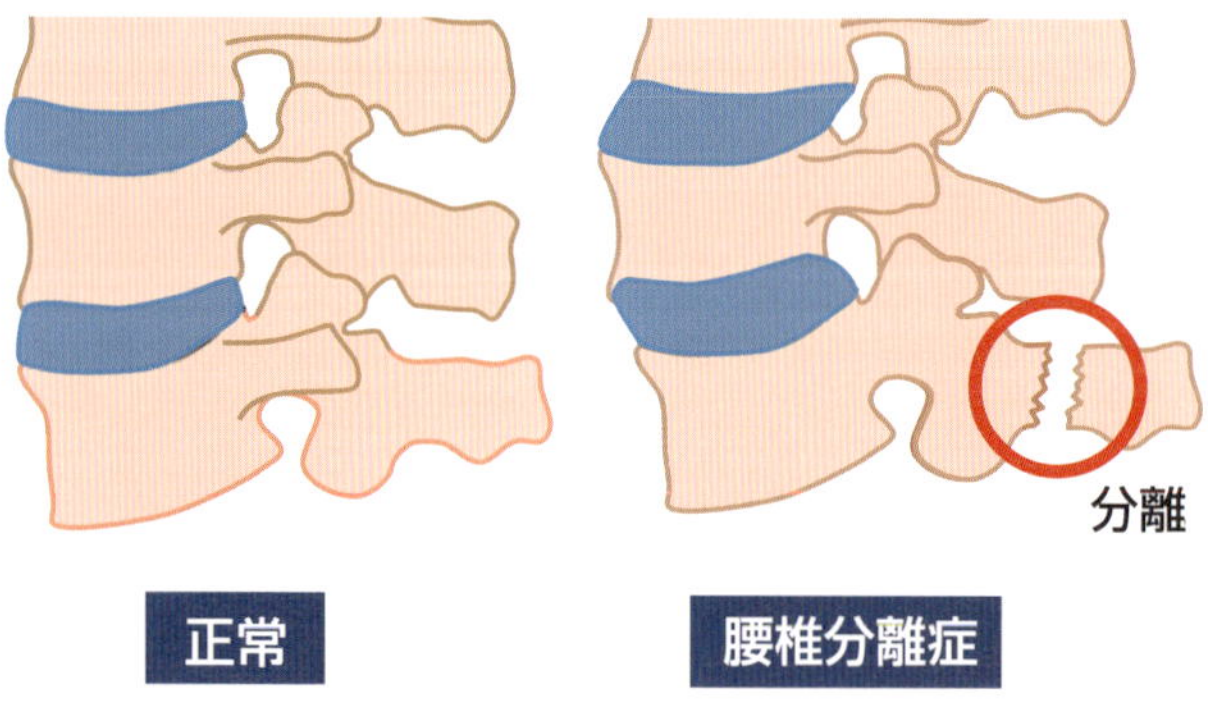

繰り返し走る動作、急激に止まる動作、ジャンプなどで生じる炎症

3 シーバー病

足の指をよく動かし、ひざ裏や股関節周りをほぐす

成長期の子どものかかとの骨(踵骨)には「踵骨骨端核」があり、大人のかかとの骨として完成していない状態です。この「踵骨骨端核」にアキレス腱の引っぱる力が繰り返し加わることで、炎症を引き起こします。これがシーバー病の主な症状です。バスケットボール、サッカー、陸上、体操など、繰り返し走る動作、急激に止まる動作、ジャンプなどが必要なスポーツ選手に起こりやすいです。アキレス腱や足裏の筋肉が硬いことで、かかとの軟骨が伸ばされ炎症が起きたり、かかとの骨が剥がれたりすることで発症します。症状は、かかとの軽い腫れ、押したときに痛む、歩くときにかかとに痛みがあるなどです。ひざやアキレス腱をよく使うスポーツ競技の選手は、足の指をよく動かし、ひざ裏のストレッチや、股関節周りの筋肉が硬くならないようにストレッチを行ってください。家に帰ったらペットボトルに温かいお湯を入れてひざ裏や、鼠径部(足のつけ根、股関節あたり)を温めることも疲労回復によい方法です。自分の足に合ったインソールで、かかとへの負担を軽減することも有効です。

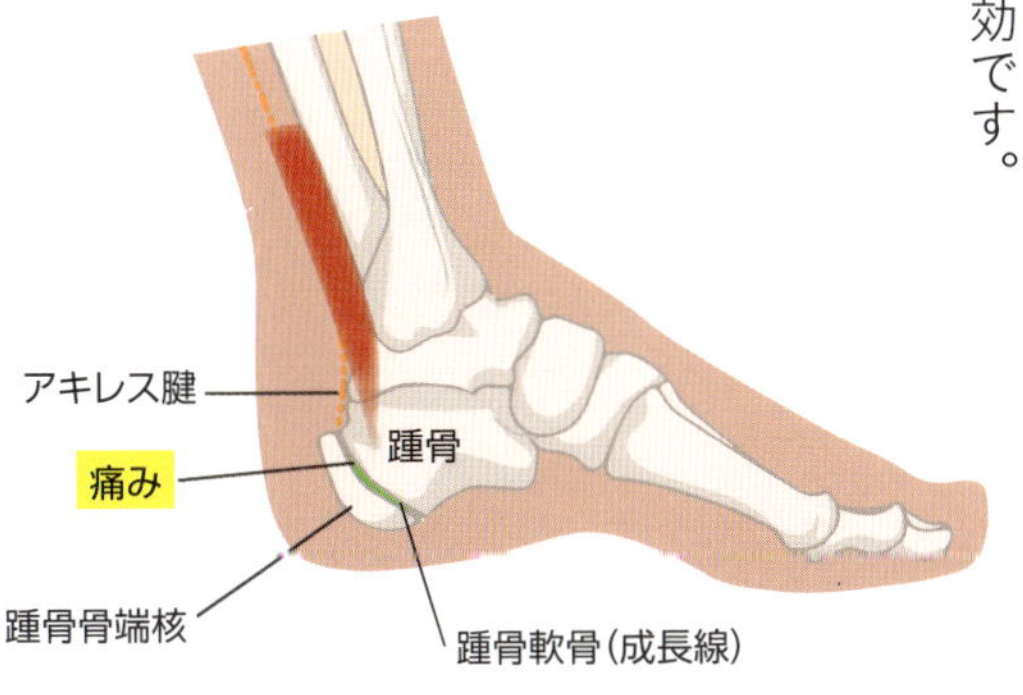

動いて ペタストレッチ早見表

全身ペタストレッチワーク

右へ⇆左へねじる
ワーク

右へ⇆左へ側屈
ワーク

曲げる⇆そらす
ワーク

姿勢がよくなるストレッチワーク

背骨CSストレッチ

肩と背中
ストレッチワーク

ツイッター

引きつけストレッチワーク

股関節引きつけ ストレッチワーク

P.76

仰向け

開脚
ひざ曲げ伸ばし

腕引きつけ ストレッチワーク

P.70

上と下

横

前

引きつけ
肩回し

回し

斜め前

肩引きつけ ストレッチワーク

P.64

引きつけて
グーパー

引きつけて腕の
つけ根ストレッチ

引きつけて
肩のストレッチ

リフレッシュストレッチ

P.88
あくびストレッチ

P.86
パーストレッチ

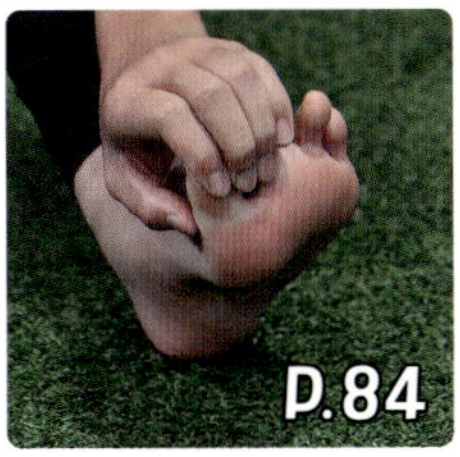
P.84
足指ワーク

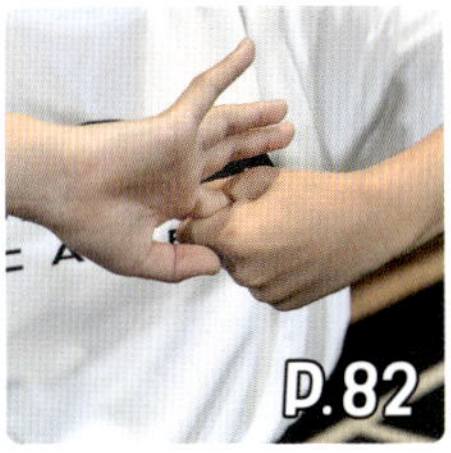
P.82
手指ワーク

リカバリーワーク

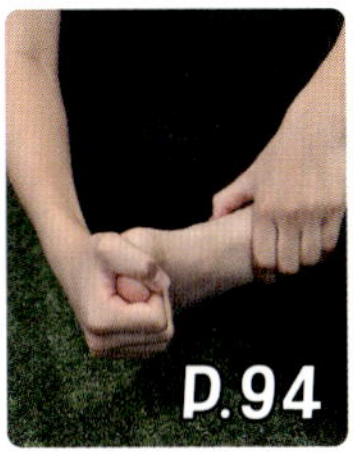
P.94
さすりワーク
足首

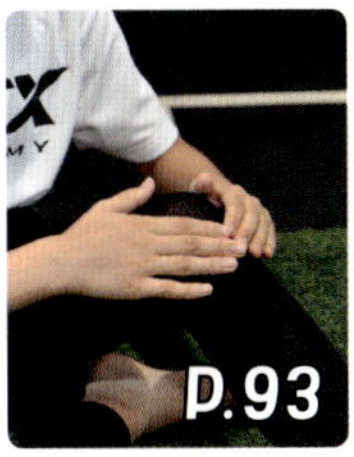
P.93
さすりワーク
ひざ

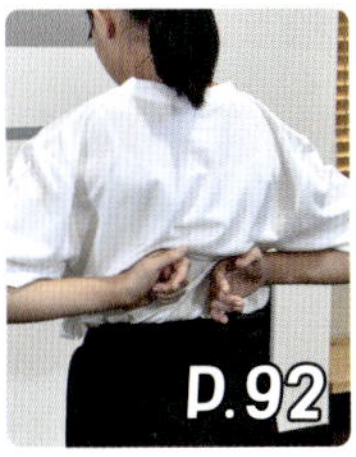
P.92
さすりワーク
腰

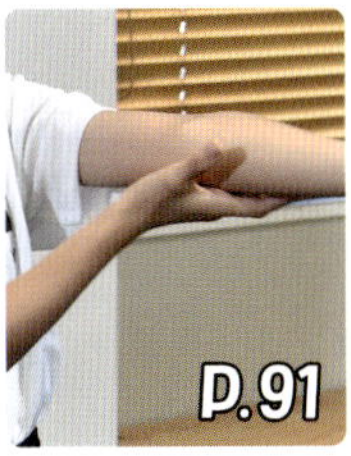
P.91
さすりワーク
ひじ

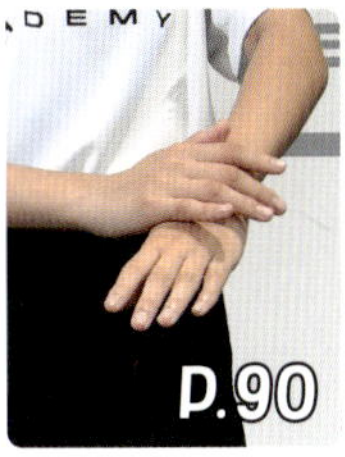
P.90
さすりワーク
手

親子でペアワーク

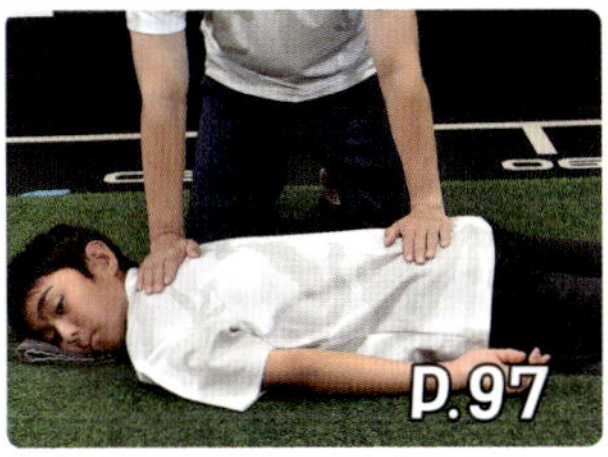
P.97
腰

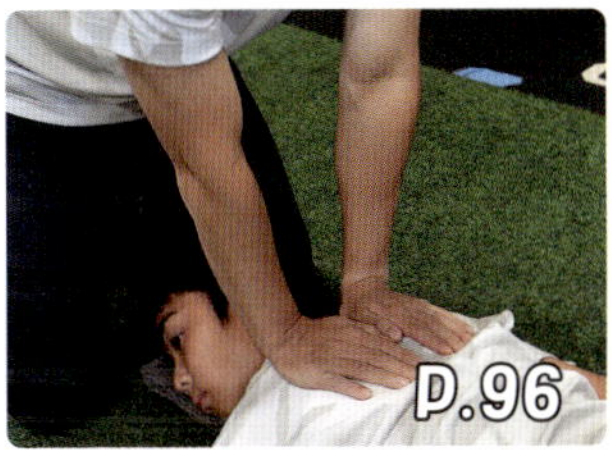
P.96
肩甲骨

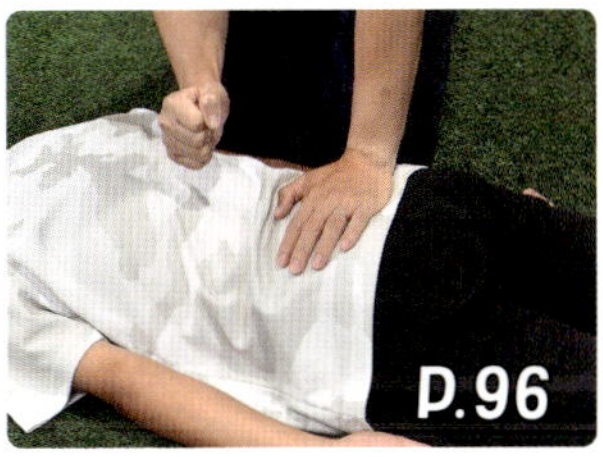
P.96
背中

4つの動作感覚を育てよう

P.100
回す

P.100
通す

P.98
振る

P.98
ゆする

COLUMN 3

必要な栄養素を手軽に摂るための工夫

子どもの発育には、しっかりと成長期に必要な栄養素を摂ることが重要です。それは一時的なものではなく、日々継続することが大切なのですが、なかなかそうもいきません……。

Octroll 株式会社
代表 田中啓之

北欧ノルウェー本社の日本法人代表。子どもの骨の成長に着目した"摂るおやつ"「BeinBein 骨＋」などを開発。

安心の学校給食と栄養補助食品

実際の日々の暮らしを振り返ると、必要な栄養素を毎日継続して摂り続けることは、簡単なことではありません。厚生労働省が発表する統計によると、「共働き世帯」の数は右肩上がりで増加傾向にあります。親が担う日々の家事負担はますます増え続けており、特にお母さんの負担は増すばかりです。子どもの発育のために、しっかりと必要な栄養素を食事から摂らせてあげたいという想いはあるものの、物理的にも精神的にも理想的な食事を毎日準備することは難しいのが実態です。成長期の子どもにしっかりと必要な栄養素を摂ってもらうためには、親の負担もできる限り省エネにして、折り合いをつけていくことが大切です。

では、一体どうやって省エネにしていけばいいのか？　まず1つ安心したい点は、日本の学校給食システムは栄養バランスを意識して設計されています。例えば、不足しがちなカルシウムは1日の推奨量の50%程度を満たすことを基準として献立が組まれています。ですので、過度なプレッシャーを感じることなく、できることから着実にはじめていくことが大切です。その1つの選択肢として、栄養補助食品やサプリメントを活用する方法もあります。日本においては、まだまだ「栄養素はしっかりと愛情の込もった母親の食事から」という考えが根強いですが、世界に目を向けると、子どもの頃からサプリメント摂取により栄養補助を行うことは一般的です。例えば、北欧のノルウェーでは、小さいときからサプリメントを摂ることが一般的です。ノルウェー語で「くまちゃんグミ」を意味する「Vitaminbjørner」は、一家に1ボトルは必ず置いてあり、不足しがちなビタミン類をより手軽に補食することが習慣化されています。手軽な補食商品として人気が高く、大人もついつい小腹を満たすために口に入れていて、一家でビタミン補完の習慣化ができています。このように、手軽に栄養素が摂れる解決策は様々です。子どもでも安心しておやつ感覚で摂取できるグミやゼリー、飲料タイプの栄養補助食品・サプリメントなどが増えているので活用してみてください。

❶まずは、炭水化物、タンパク質、脂質の3大栄養素をしっかり摂る。

❷カルシウム、ビタミンDなど微量栄養素を意識的に摂る。

❸足りていない栄養素は、サプリメントなどを活用して日常に上手く取り入れる。

バランスゼリーなどを活用し、微量栄養素をおやつ感覚で摂ることができる。

あとがき

私の子育て期間は、「あっ」という間にすぎ去ってしまったように思います。妻の陣痛がはじまり、時間が経過してもなかなか出てこられず、どうやら臍の緒が首に絡まってしまっているようでした。急遽、帝王切開の処置を受け、娘は無事に生まれてきてくれました。生まれてすぐに、一瞬だけ抱っこしました。初めて抱っこした我が子は、思った以上に目がぱっちり開いていて、黒い瞳が印象的でした。何やら不思議そうにこちらを見ていたことを覚えています。

夜泣きが止まずに、「頼むから寝てー」と夜通し抱っこした日もありました。ぐずってなかなか保育園に行かずに焦りに焦った日もありました。歩き疲れて「パパ、ダッコ」と抱っこをせがんで、よじ登ってきてくれた日もありました。これらは、予告なしにいつの間にか終わりを迎えていくものです。

今はもう中学生になり、順調に思春期を迎えつつ、楽しい学校生活を送り、お友達や先輩との時間を思いっきりすごしています。パパの出番は、なんとか朝ご飯を食べてもらうこと、交通系のICカードが空になったというSOSに応えること、大好きになった野球観戦に行くことぐらいです。あとは、妻を全力で支え続けることです。

世の中が自粛期間中、私のアカデミーも休業要請により2か月間の営業自粛となりました。平日も休日もなく仕事をしていた私が、2か月間ほとんど娘と妻と一緒にすごすことになりました。そのときに強烈に思ったことがあります。親として子にできることはたかが知れているのかもしれないと。

学校で先生やお友達、いろいろな人たちとの関わりの中で、様々なことを感じ、考え、体験し、影響を受けて成長していく中で、子どもは、そのときにできる経験をちゃんと選びながら、自分自身で前に進んでいく力が備わっているのだと思います。

脳科学者の茂木健一郎さんの著書『運動脳の鍛え方』（リベラル社）には、なぜ「運動」が大切なのかについてこう記してありました。

脳科学の知見から導き出されたことは、運動によって脳のモビリティを高めること、すなわち「脳を活性化させて、社会の中でどう動いて、誰と会って、何を計画し、何を実行するのか」。この能力を高めていくことこそが、AIに負けない働き方や生き方を実現するのです。

変化の激しい現代、これからを生き抜くためには、脳を活性化することが大切です。脳を活性化する方法の中で、身体を動かすこと＝運動だけが、好奇心と集中力を同時に高める効果があり、その結果、脳の学習効果を劇的に上げることが判明しています。さあ、身体を動かしましょう。さらに、その脳は、この世にたった1つの装置で、2つと同じ脳はありません。身体についても同様です。

あとがきの最後に、東洋館出版社の近藤さん、ナイスクの岸さん、本書に関わって頂いた皆さまに心から感謝申し上げます。気がついたら19年間、子どもから大人まで素晴らしい「個」と向き合わせていただいている私から、大切なあなたへのメッセージです。脳と身体が、あなただけの唯一無二の存在であるならば、ぜひ「自分らしさ」を大切にしつつ、「新しい自分」へのチャレンジを楽しんでいきましょう！

Look inside ! What story will you find ?

（「ジャーニートウファンタジースプリングス」より）

木村匡宏

著者

木村匡宏 Kimura Masahiro

MTX アカデミー統括ディレクター

1979 年生まれ。慶應義塾大学卒業。子どもからプロ選手までの競技サポートをするトレーナー。2016 年 10 月から、子どもの発達科学研究所と提携し、未就学児向け運動プログラム「WAQUMO」の開発、科学でいじめのない世界を創る「BE A HERO」プロジェクト、部活動包括マネジメントプログラム「TEAM PLAY」の開発、普及に取り組む。主な著書に『パワーポジションで最強スイング＆インパクト！ IWA バッティング・メソッド』『パワーポジションでスピード＆コントロールが身につく！ IWA スローイング・メソッド』『速効！ 5 分で伸びる！ 子どもの走り方トレーニング』『パワーポジションでバットと身体をつなぐ！　バッティング・プラクティス 新・入門』（東洋館出版社）、『実はスゴイ四股　―いつまでも自力で歩ける体をつくる』『24 時間疲れない！ 最強の身体づくり』（ワニブックス）、『5 歳からの最新！キッズ・トレーニング』（KADOKAWA）など多数。

阿多由梨加

MTX スポーツ関節クリニック院長

渡邊健二

MTX アカデミー リカバリーフィールド ディレクター

編集　ナイスク（https://naisg.com/）
松尾里央　岸 正章　崎山大希　鈴木陽介
装丁・デザイン　佐々木志帆
写真撮影　松田杏子
動画制作　秋山広光（ビジュアルツールコンサルティング）
イラスト　見杉宗則（P.27の絵）　アドプラナ
モデル　木村ひかる　長井我心　荒巻康平
協力　阿多由梨加（MTX スポーツ・関節クリニック）
渡邊健二（MTX アカデミー）
木下豪大（MTX アカデミー）
田中啓之（Octroll 株式会社）

子どもの「やわらかさ」激変！

動いてペタストレッチ

2024（令和 6）年 9 月 2 日　初版第 1 刷発行

著　者　木村匡宏
発行者　錦織圭之介
発行所　株式会社 東洋館出版社
〒 101-0054　東京都千代田区神田錦町 2 丁目 9 番 1 号
コンフォール安田ビル 2 階
代　表　TEL：03-6778-4343　FAX：03-5281-8091
営業部　TEL：03-6778-7278　FAX：03-5281-8092
U R L　https://www.toyokanbooks.com

［印刷・製本］　株式会社シナノ
ISBN978-4-491-05633-3　　Printed in Japan